# 정물화 속
# 세계사

**일러두기**

• 단행본 · 신문 · 잡지명은 『 』, 미술작품·영화 제목은 「 」로 묶어 표기했다.

• 인명 · 지명 등의 외래어 표기는 국립국어원 규정을 따르는 것을 원칙으로 하였으나 용례가
  굳어진 경우에는 통용되는 표기를 따랐다.

# 정물화 속
# 세계사

태지원 지음

아트북스

## 정물화 속 사물이 건네는 흥미롭고 매혹적인 이야기

정물화에 펼쳐진 세계를 가만히 볼 때가 있습니다. 탁자 위에 놓인 사과와 오렌지, 식탁에 정갈하게 놓인 요리, 화려한 꽃병 속의 꽃잎…… 시간이 멈춘 듯, 사물의 질감과 색채, 빛과 그림자에 자연스레 집중하게 되지요. 특유의 고요하고 정적인 아름다움을 느끼는 순간도 있습니다.

정물화는 영어로 '스틸 라이프still life'라고 합니다. still은 '고요함'이나 '침묵'을 의미하고, life는 생명이나 삶, 물체나 생물체로도 번역되는 단어입니다. 뜻을 조합해보면 스틸 라이프는 한때 생명을 가지고 있었지만 현재는 그것이 사라진 물체, 또는 처음부터 생명이 없던 물체를 일컫습니다. 정물화라는 장르를 제대로 자리잡게 만든 건 네덜란드 화가들이었는데, 그들 역시 정물화를 '정지된 생명' '죽은 자연'이라는 의미의 '스틸레번stilleven'이라고 부르기도 했지요.

그렇다면 정물화는 단순히 정지된 시간과 고요한 세계를 캔버스에 펼쳐놓은 그림을 의미할까요? 늘 그런 건 아닙니다. 정물화 속 사물은 과거에서 현재, 미래로 흐르는 시간의 흐름을 상징하기도 합니다. 삶과 죽음이라는 깊이 있는 주제를 담은 음식이나 물건도 있습니다. 그 쓰임새와 아름다움 덕분에 세계 곳곳에서 널리 사랑받으며 자연스레 인간의 역사를 품게 된 사물도 존재하지요.

낯설지만 새로운 질문을 던지는 그림 속 사물도 있습니다. 책과 악기, 화려한 꽃 가운데 자리를 차지하고 있는 해골, 호화로운 종이에 감싸인 채 탁자 위에 자리한 후추, 고급 스테이크나 빛나는 은식기 대신 식탁 위의 주인공이 된 청어 한 마리. 얼핏 엉뚱하고 뜬금없어 보이는 물건과 음식들이 호기심을 자아냅니다.

사실 각 사물 안에는 놀랍고도 매혹적인 비밀이 숨겨져 있습니다. 정물화 속 해골 뒤에는 중세의 흑사병이라는 커다란 재앙이, 후추의 역사 속에는 새로운 바닷길의 시대를 열었던 콜럼버스의 탐험이, 식탁에 올려놓은 청어에는 네덜란드라는 나라가 해상 강국으로 등극한 사연이 숨어 있지요. 이처럼 정물화 속 사물은 시대의 숨결을 담아내는 생생한 증거품이기도 합니다.

『정물화 속 세계사』는 열다섯 점의 정물화 속 물건에 담긴 역사와 경제 이야기를 전하는 책입니다. 각 챕터는 정물화 속 사물 이야기로 시작해, 그에 얽힌 역사적 사건을 짚어내고, 이를 통해 당대의 가치관과 경제적 상황을 읽어냅니다. 특히 세계 경제를 움직이는 자본주의의 역사를 중심축삼아 이야기를 엮어냈습니다. 해골이나 시계, 성서와 같은 사물은 자본주의의 주도 세력인 부르주아의 성장과 그에 얽힌 사건을 상징합니다. 청어나 튤립처럼 자본주의의 흥망성쇠를 나타내는 물건도 있지요. 후추나 오렌지, 지구본에는 유럽이 새로운 뱃길을 열고 해상무역을 장악하는 데 큰 영향을 준 사연이 담겨 있습니다. 설탕과 초콜릿, 커피에서는 유럽과 서양이 다른 대륙을 착취한 잔인한 역사를 읽어낼 수 있고, 앤디 워홀의 수프 캔을 통해 20세기 이후 발달한 대량생산 시스템을 찾아볼 수 있지요. 탁자 위에 펼쳐진 이야기를 따라가다보면 자연스럽게 자본주의의 역사와 개념, 작동원리를 읽을 수 있습니다.

지금부터 흥미로운 수수께끼를 풀 듯 정물화 속 사물을 살펴보는 건 어떨까요. 책 속 이야기를 읽다보면 '죽은 자연'이 아니라 생동감 있게 살아 숨 쉬는 경제의 역사를 만날 수 있을 겁니다.

차
례

# 1

## 정물화 속
## 해골의 비밀

해골과 중세의
흑사병

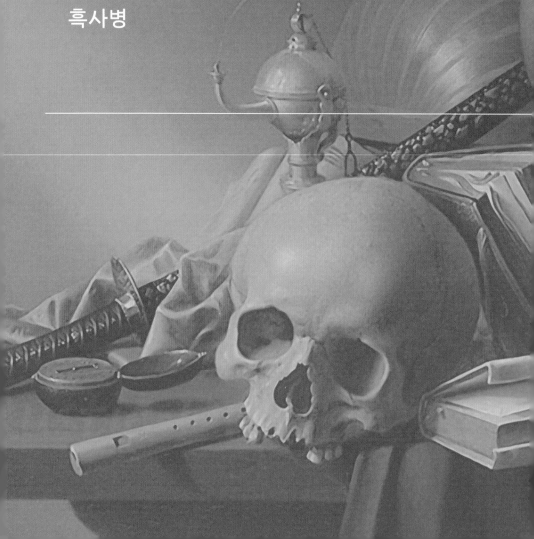

그림 1.

하르먼 스테인비크,
「정물」, 1640년경

탁자에 갖가지 사물이 자리잡고 있다. 커다란 조개껍데기와 진홍빛 천, 근사한 문양이 새겨진 칼은 고급스러워 보인다. 시계나 술 항아리, 피리와 나팔 역시 고풍스러운 분위기를 풍긴다. 갈색빛이 감도는 화면 속 사물들은 정교하고 세밀하게 묘사되어 있다.

그러나 감상자의 눈길을 끄는 건 조개껍데기도, 고급스러워 보이는 장도나 악기도 아니다. 작품의 주인공은 탁자 가운데에 있는 해골이다. 왼쪽 상부에서 쏟아져 내리는 빛 역시 해골을 정면으로 비춘다. 해골이 자리잡음으로써 그림은 음산하고 섬뜩한 느낌을 풍긴다.

그림의 화가 하르먼 스테인비크Harmen Steenwyck, 1612~56는 지금의 네덜란드 델프트 지방에서 태어나 활동했다. 흔히 정물화라고 하면 싱싱한 과일이나 아름다운 꽃이 그려진 그림을 상상한다. 그러나 스테인비크의 작품에는 해골이 등장한다. 이는 인간의 죽음을 상징하는 사물로, 아름다움이나 삶의 싱그러움과는 거리가 멀다.

흥미로운 건 스테인비크의 작품뿐 아니라 동시대 다른 화가의 작품들에도 해골이 꽤 많이 등장한다는 사실이다. 해골 주변에 있는 썩은 과일이나 시들어가는 꽃, 기어다니는 벌레를 화폭에 옮긴 화가도 있다.

17세기 서양 화가들은 어째서 음산한 분위기를 풍기는 해골을 화면에 배치한 걸까. 통일성이라고는 찾기 어려운 수수께끼 같은 사물의 조합은 어떤 의미가 있을까. 질문의 답을 풀기 위해서는 시간을 더욱 거슬러올라가, 세계사의 물길을 바꾼 사건을 돌아보아야 한다.

## 죽음의 사자 흑사병

해골 형상을 하고 검은 옷을 입은 남성이 화면 중앙에 버티고 있다. 그가 휩쓸고 간 거리에 쓰러진 이들과 혼비백산해 도망가는 사람들로 보아 남자는 죽음의 전령인 듯하다. 화면 앞쪽, 혼인을 치렀는지 흰옷을 입은 여인 역시 죽음의 비극을 피할 수 없었던 모양이다.

여기 죽음의 전령으로 표현된 남자는 사실 '흑사병'을 의인화한 존재다. 흑사병은 페스트라고도 불리는 유행성 질환으로, 쥐벼룩에 물리거나 이 병에 감염된 동물의 체액과 직접 접촉하면 걸리는 역병이다. 대략 6일간의 잠복기가 지나면 가슴 통증과 기침, 각혈, 호흡곤란, 고열이 나타난다. 흑사병黑死病이라는 이름이 암시하듯 내출혈이 일어나 피부가 검은 반점에 뒤덮이다가, 대다수 환자는 끝내 의식을 잃고 사망한다.

2020년 코로나19가 팬데믹을 불러오며 인류의 생활양식을 바꾸었던 것처럼, 흑사병은 오랫동안 인류를 죽음으로 내몰며 역사의 흐름을 바꾸었다. 특히 중세 말기인 1347년부터 1352년 사이 유럽에서 유행했던 흑사병이 가장 큰 재앙이었다. 3~4년 사이에 유럽 인구의 3분의 1가량이 흑사병으로 죽음에 이르렀다 한다. 사망자가 너무 많아 묘지가 부족할 정도였다고 하니 당시 사람들이 느낀 공포를 짐작할 수 있다.

흑사병은 원래 중국에서 생겨난 역병이다. 중앙아시아의 타슈켄트 지역, 흑해, 크림반도를 거쳐 이탈리아까지 들어가 유럽 전역으로 퍼져나갔다. 흑사병의 숙주가 쥐벼룩이었기에, 유럽의 흑사병 유행을 칭기즈칸의 서방 원정과 관련지어 설명하기도 한다. 칭기즈칸이 이끄는 몽골 군대가 유럽을 침략하면서 함께 이동한 아시아 쥐들이 유럽에 들어

그림 2.
..........
아르놀트 뵈클린,
「흑사병」, 1898년.

갔고, 이 때문에 유럽의 쥐와 쥐벼룩의 수가 급격히 증가해 흑사병이
창궐하게 됐다는 이야기다.

흑사병의 유럽 전파에 관련한 흥미로운 일화도 전해진다. 현재의 러
시아와 우크라이나 사이에 있는 크림반도[1]에는 '카파'라는 무역도시가
있었다. 동서양을 잇는 지리상 이점이 있어 지중해를 무대로 동방 무역[2]

---

1    흑해 북쪽에 있는 반도. 유럽과 아시아를 연결하는 교통과 무역의 요충지로, 고대
부터 다양한 민족과 제국이 지배한 곳이다.

2    유럽과 아시아 사이에서 이루어진 무역으로, 동서양의 문화 교류와 기술 발전에도
큰 영향을 미쳤다.

을 하던 제노바 상인들이 오랫동안 경영한 도시였다. 그런데 이 카파를 1347년 몽골제국의 서부를 통치했던 킵차크한국[3]의 군대가 침략했다. 오랫동안 공성전을 벌이던 몽골 군대는 병영 내에서 흑사병이 발병했음을 알게 되었다. 이에 군대를 이끌던 자니베크 칸은 전투가 불가능하다고 판단하여 흑사병 환자들의 시체를 일부러 성벽에 내버렸다고 한다. 요즘으로 치면 세균전과 비슷한 전략이라 할 수 있겠다.

성 안으로 전파된 흑사병은 도시를 금세 쑥대밭으로 만들었다. 무서운 역병을 피해 이탈리아 상인들은 본국으로 급히 철수했다. 안타깝게도 상인들이 도착한 순서에 따라 전염병도 이탈리아에 상륙했다. 유럽은 상대적으로 작은 대륙이다. 지금과 달리 당시에는 국경이 뚜렷하지 않았는데 도시 간 교류가 활발했다. 당연히 이탈리아에 상륙한 전염병은 유럽 전역으로 순식간에 퍼지고 말았다.

유럽 전역에 급속히 전파된 흑사병은 인정사정없이 사람들을 죽음으로 내몰았다. 사망자 수를 두고 의견이 분분하나, 대략 2000만 명이 죽음에 이르렀던 것으로 추정된다. 프랑스는 인구가 어마어마하게 감소해서 18세기 초에 이르러서야 이전의 인구수를 간신히 회복할 정도였다. 영국에서는 처음 흑사병이 돌았던 1340년대에 인구가 20퍼센트 줄었고 1360~75년 또다시 흑사병이 창궐했을 때는 인구가 40퍼센트나 감소했다. 독일의 일부 도시에서는 인구의 절반 정도가 목숨을 잃는

---

3  13세기 몽골제국의 서부 지역을 지배했던 칸의 나라汗國로, 칭기즈칸의 아들 주치와 손자 바투가 세운 나라다. 킵차크 초원을 중심으로 현재의 러시아, 우크라이나, 카자흐스탄 등을 지배했다. 킵차크한국은 몽골제국의 일부였지만, 독자적인 정치, 경제, 문화를 발전시켰다.

정물화 속 해골의 비밀

비극이 일어났다.


## 공포는 어떻게 전염될까

　중세 유럽인들은 흑사병의 원인을 알고 있었을까? 흑사병은 쥐벼룩을 매개로 예르시니아 페스티스균에 감염되면 발병한다. 그러나 의학이 충분히 발전해 전염병의 원인을 정확히 알게 된 것은 수 세기가 지난 19세기의 일이었다. 14세기 유럽인들은 이 죽음의 병이 어디에서 왔는지, 죽음의 행렬이 어디에서 끝나는지 알 도리가 없었다.

　무지無知는 공포를 불러일으킨다. 코로나19로 인한 팬데믹 초기, 전 세계 인류가 심리적 공황에 빠졌음을 생각해보면 이해하기 쉽다. 중세의 의학자들은 대다수가 '오염된 공기' 때문일 거라는 의견 정도만 내놓았다. 부패한 공기가 병의 원인이라 보았으니, 사람들은 장뇌나 강력한 향기를 내는 방향제를 몸에 지니고 다니며 좋은 냄새를 맡으려고 노력했다.

　의사들의 처지도 크게 다르지 않았다. 〈그림 3〉은 흑사병 창궐 당시 의사의 모습을 보여준다. 의사는 코 부분에 방향제를 넣는, 새 부리 비슷한 마스크를 쓰고 있다. 눈 부분에는 유리알을 박아 혹시 모를 접촉에 대비하고, 발목까지 덮는 가운, 모자와 장갑을 착용하여 오염된 공기로부터 몸을 보호했다. 이 복장이 당시 의학자들이 갖출 수 있었던 최선의 장비였던 것이다.

　한편으로 흑사병의 창궐을 '신의 벌'이라 여긴 사람들도 있었다. 중

그림 3.
..........
흑사병이 창궐하던 당시
의사의 복장.

세 유럽인들의 사고방식을 지배한 것은 기독교였기 때문이다. 인간이
죄를 저질러 흑사병이라는 벌을 받았다고 생각한 사람들은 기도와 금
식에 매달렸다. 신에게 저지른 죄를 참회한다며 자신의 몸에 채찍질을
하며 돌아다니는 무리도 있었다. 이 '채찍질 고행'으로 사람들이 모여
들어 전염병 사태가 악화되자 교회가 이를 금지하는 소동도 벌어졌다.

  어떤 이들은 이방인 혐오에 열을 올렸다. 유대인들이 우물에 독을 퍼
뜨려 흑사병이 창궐했다는 소문이 퍼졌다. 유대인은 오랫동안 유럽을
떠돌던 민족으로 여러 이유로 차별받고 있었다. 혐오에 사로잡힌 유럽

그림 4.
..........
피에로 델 폴라이올로,
「성 세바스티아누스」,
1475년.

인들은 유대인을 감금하거나 산 채로 불구덩이에 집어넣으며 무자비한 학살을 저질렀다. 당시의 유대인 혐오는 코로나19 팬데믹 초기, 유럽이나 미국에서 번졌던 '동양인 혐오'를 떠올리게 한다. '역사는 반복된다'는 섬뜩한 진리를 되새기게 하는 장면이기도 하다.

새로운 구원자를 찾은 이들도 있었다. 〈그림 4〉는 흑사병이 창궐할 당시 중세인들이 찾은 구원의 대상을 그린 15세기의 그림이다. 기둥에 한 남자가 묶여 있고 그를 둘러싼 사내들이 무자비하게 화살을 쏘는 중이다. 기둥에 묶인 남성은 기원전 3세기경 로마제국에 살았던 성 세바스티아누스로, 대개 세바스찬으로 불리는 기독교 성인이다. 프랑스 남부 출신으로 디오클레티아누스 황제의 신임을 얻어 친위대장으로 임명되었다. 성 세바스티아누스는 열렬한 기독교인으로, 당시 박해받던 기독교 신자들을 돌봐주던 인물이었다. 그러나 이 사실이 발각되어 기둥에 묶인 채 화살을 맞으며 지금 순교의 순간을 맞이하는 중이다. 모두들 그가 죽음의 길에 들어섰다고 생각했지만 성녀 이레네가 시신을 수습하러 갔을 때 놀랍게도 숨이 붙어 있었고 성녀의 극진한 간호로 살아났다.

화살을 맞고도 신의 축복을 받아 살아난 세바스티아누스는 전염병의 시대에 사랑받는 성인이 되었다. '빗발치는 화살'을 맞고도 기적적으로 살아난 성인이 있듯, 흑사병이라는 재앙에 휩싸였어도 기적적으로 생존하는 사람이 존재했기 때문이다. '화살'과 '역병'이 인간에게 치명적이라는 점에 착안한 중세인들은 흑사병으로부터 보호해달라고 성 세바스티아누스에게 기도를 올렸다. 피에로 델 폴라이올로Piero del Pollaiuolo, 1443~96의 그림과 같이 화살을 맞고 죽어가는 성 세바스티아누스를 묘사한 예술작품도 등장했다. 비극의 한가운데, 수호성인에게 의지하고픈 중세인들의 간절한 마음을 엿볼 수 있다.


**검은 재앙, 살아남은 자에게 축복을 안기다**

흑사병이 죽음의 재앙으로만 남은 것은 아니었다. 전염병이 불러온 사회경제적 변화가 살아남은 이들에게는 축복이 되기도 했다. 인구의

정물화 속 해골의 비밀

30~40퍼센트가 사망하면서 노동력이 급격히 줄어들고 일손이 귀해진 것이 큰 도움이 됐다.

이전까지 중세의 사회와 경제는 장원제도를 바탕으로 움직였다. '장원'은 귀족인 영주가 왕에게 충성을 맹세하며 받는 땅을 말한다. 대신 영주는 전쟁이 나면 왕을 위해 나가 싸워야 했다. 반면 영주의 장원에 사는 농민은 신분이 자유롭지 못해 농노로 불렸다. 말 그대로 '농민과 노예의 중간 처지에 놓인 사람들'로, 영주의 직영지에서 부역을 하고 농사지어 곡물이나 과일을 공납으로 바치며 생활했다. 혼인세나 인두세 등의 각종 세금을 부담했을 뿐만 아니라, 영주의 시설물을 돈을 내고 의무적으로 사용하는 예속된 존재였다.

그러나 흑사병이 유행하면서 농노나 사회 하층민들은 새로운 힘을 얻었다. 사람이 많이 죽어 일손이 귀해졌고, 땅은 상대적으로 흔해졌기 때문이다. 영주나 귀족, 지주도 더 좋은 대우를 해주어야 농민들을 토지에 붙잡을 수 있는 상황이었다. 농민들 역시 협상력을 가지게 되어, 서유럽의 경우 농민들의 임금이 점차 상승했다. 기록에 따르면 영국의 컬스함에서 쟁기질하는 사람은 흑사병 발병 이전에는 1년에 2실링을 받다가, 1349~50년에는 7실링을 받았고, 1350~51년에는 10실링 6펜스를 받았다. 임금이 다섯 배 이상 상승한 것이다. 그래서 역사가들은 14세기 말부터 15세기까지를 잉글랜드 농민들의 '황금시대'라고 부른다.

힘의 관계가 변화하면서 토지 소유자도 서서히 바뀌기 시작했다. 인구가 줄면서 1인당 확보할 수 있는 토지가 늘었기 때문이다. 넓은 땅과 자본을 가지게 된 사람들은 열심히 밭을 가꾸고 재산을 늘려갔다. 이런

그림 5.
..........
랭부르 형제,
『베리 공의 매우 화려한
기도서』 중 9월 달력 그림,
1410~16년.

과정을 거치면서 이전까지 영주가 우위에 있고 농노들을 반쯤 구속했던 서유럽의 장원제도는 서서히 무너진다. 반면 동유럽에서는 왕과 귀족이 강력한 억압 정책을 실시해 농노제도가 오히려 강화되기도 했다.

한편 흑사병을 피해 도시로 몰려드는 사람도 늘었다. 원래 중세에는 장원을 중심으로 자급자족하는 경제가 자리잡았다. 그러나 교통이 좋은 일부 도시에서는 상공업이 발달했다. 장원에서 도망친 사람들, 상공

정물화 속 해골의 비밀

업에 종사하는 사람들이 모여들었기 때문이다. 물건을 만들어 사고팔며 부를 축적하고, 영주에게 돈을 내고 자치권을 사는 시민들도 있었다.

이렇게 도시에 살면서 봉건사회의 신분제에서 벗어나 시장에서 거래하고 무역을 하면서 돈을 모으던 이들을 부르주아[4]라 한다. 부르주아는 프랑스어 'bourgeois'에서 유래한 말로, '성bourg 안에 사는 사람들'을 의미한다. 당시의 도시는 대부분 성곽으로 둘러싸여 있었기 때문에 붙은 이름이다. 부르주아들의 활발한 경제활동으로 도시는 활기를 띠었다. 그러나 흑사병으로 인구가 감소하자 도시에도 변화가 나타났다. 상공업에 종사하는 사람들이 부족해졌기 때문이다. 도시는 지속적으로 이주민을 끌어들여야 했다. 이에 장원에 속박된 삶에서 벗어나 도시로 이동해 새롭게 부를 축적하는 사람이 생겼다.

장원과 도시에 나타난 일련의 변화는 중세 서유럽을 서서히 바꾸었다. 영주 중심의 장원제도가 무너지기 시작했고, 도시에 새로운 사람과 물자가 들어오면서 경제력을 키운 사람들이 늘었다. 교환과 거래가 중요한 경제체제인 자본주의[5]가 조금씩 모습을 드러내기 시작한 것이다. 중세 도시가 성장하고 부르주아가 탄생하면서 이미 자본주의의 씨앗이 싹트고 있었으나, 흑사병은 이를 촉진하는 역할을 했다.

---

4  자본과 생산수단을 소유한 계층. 원래 중세의 봉건제도 아래에서 상인, 금융업자, 제조업자 등이 부르주아로 변신했으며, 이후 자본주의 발전을 이끌었다.

5  생산수단을 소유한 자본가가 이윤을 획득하기 위해 노동자에게 노동력을 사서 상품을 생산하고 노동자는 생계를 잇기 위해 자신의 노동력을 파는 경제체제.

그림 6.
중세 시장의 풍경을 보여주는 15세기 삽화.

## '죽음을 기억하라'는 가르침의 의미

흑사병이 살아남은 사람들에게 축복이었다 해도, 사람들의 머릿속에는 끔찍한 전염병과 죽음의 그림자가 각인되었다. 살아서 누리는 모든 부와 명예, 어마어마한 영광도 죽음 앞에서는 한낱 거품처럼 사라지고 만다는 사실을 깨달았기 때문이다. 사람들은 "죽음을 기억하라"라는 뜻의 라틴어, '메멘토 모리Memento mori'라는 말을 되새겼다. 원래 고대 로마시대부터 죽음을 염두에 두고 현재의 실상을 깨달으며 살라는 의미로 사용되던 이 말은, 흑사병이 유행한 이후 중요한 가르침이 되었다.

신교**6**의 탄생도 메멘토 모리의 가르침을 널리 퍼뜨리는 데 큰 몫을 했다. 흑사병이 유행하자 교회는 죽음에 대한 두려움을 이용하여 사람들을 통제하려 했다. 교황 클레멘스 6세는 흑사병을 막는 예배를 한다는 핑계로 돈을 거두었다. 일부 하위 성직자들도 (흑사병으로 부족해진) 성직자의 빈자리를 메운다는 핑계로 여기저기 옮겨다니며 과도한 성직록**7**을 받는 행태를 보였다.

타락한 교회에 반발하며 이를 개혁해야 한다고 주장하는 이들이 나타났다. 종교개혁 지도자들은 청렴과 겸손을 가르치기 위해 '메멘토 모리'라는 메시지를 강조했다. 죽음을 기억하는 것은 죄를 회개하고 하나님과 인간의 관계를 회복할 수 있는 기회라고 생각했기 때문이다. 종교개혁을 외친 지도자들의 가르침에 따라 사람들은 죽음을 삶의 자연스러운 과정으로 받아들였고, 현세를 더욱 의미 있게 살아가라는 가르침을 되새겼다. 청렴하고 겸손하며 자기 직업에 충실하라는 가르침은 부르주아에게 큰 영향을 주었다.

새롭게 탄생한 기독교의 영향을 크게 받은 나라가 네덜란드였다. 스페인 왕국의 지배를 벗어나 독립한 네덜란드공화국은 새로운 기독교의 가르침을 받아들였다. 네덜란드공화국의 주도권을 쥔 세력은 귀족이나 교회가 아니었다. 일찍이 국제무역이 발달해 부유한 상인이 많았던 이 나라는 왕보다는 상공 시민들이 주도하는 나라가 되었다.

---

6   16세기 종교개혁의 결과로 로마 가톨릭교회에서 떨어져나와 성립된 종교 단체 또는 그 분파를 통틀어 이르는 말.

7   성직자들이 받던 녹봉.

당시 네덜란드의 예술 시장은 도제식[8] 공방을 중심으로 운영되었다. 이러한 공방들은 일종의 그림 공장이라 볼 수 있다. 이전까지 공방의 주요 고객이었던 교회와 귀족은 성서와 신화의 이야기를 화폭에 옮기기를 원했다. 그러나 기독교 세계가 변화하면서 화가들은 먹고살기 어려워졌고, 새로운 고객을 찾아야 했다.

이때 화가들의 눈에 띄었던 이들이 부유한 상인들이었다. 화가들은 이들의 입맛에 맞는 장르를 찾았다. 부르주아들 역시 어느 정도 부를 축적하자 자신들의 모습을 화폭에 남기거나 새로운 그림을 수집하려는 움직임을 보였다. 17세기 네덜란드의 거장 하르먼스 판 레인 렘브란트 Harmensz van Rijn Rembrandt, 1606~69가 그린 「포목상 조합의 이사들」은 부르주아들의 새로운 부상을 보여주는 그림이다. 작품 속 인물들은 포목[9]을 사고팔던 상인 조합 간부들이다. 왕과 귀족들이 초상화를 남겼던 것처럼 도시 상공업자들도 돈을 모아 그림을 주문하고, 단체 초상화를 남기는 방식으로 경제력을 과시한 것이다.

공방의 화가들은 단체 초상화뿐 아니라 부르주아들이 좋아할 만한 일상을 소재로 풍속화나 풍경화, 그리고 정물화를 그렸다. 그중에서도 인기를 끌던 상품이 바로 바니타스 정물화였다. 바니타스는 라틴어로 '덧없음'과 '허무'를 뜻하는 말로, 구약성경 전도서에도 등장하는 말이다. 이

---

8  스승이 제자를 기초부터 가르치는 일대일 교육 방식으로, 제자는 오랜 기간을 스승과 함께하면서 전문 지식과 기술을 체계적으로 배운다. 중세에 연금술처럼 중요한 기술을 특정 제자에게 몰래 가르쳐주던 방식이 이런 도제식 교육을 활성화한 것으로 보인다.

9  베와 무명.

정물화 속 해골의 비밀

세상의 온갖 부귀와 영화를 한 몸에 누렸던 솔로몬 왕이 "헛되고 헛되니, 모든 것이 헛되도다"라고 절규하는데 이를 라틴어로는 "바니타스 바니타툼, 엣 옴니아 바니타스Vanitas vanitatum, et omnia vanitas"라고 한다.

헛되고 부질없는 것을 뜻하는 바니타스화는 독특한 분위기를 자아낸다. 아드리안 판 위트레흐트Adrian van Utrecht, 1599~1652가 그린 「꽃과 해골이 있는 정물화」는 바니타스화의 특징을 잘 보여주는 작품이다. 위트레흐트는 네덜란드 황금시대를 대표하는 화가인데 스테인비크의 제자이기도 했다. 바니타스화에 놓인 사물들은 제각기 영원할 수 없는 인간의 삶과 죽음, 허무를 상징한다. 해골은 앞서 보았다시피 인간의 죽음을 상징하며, 썩은 과일은 부패하고 사라질 것을, 꽃 역시 피고 지는

그림 8.
..........
아드리안 판 위트레흐트, 「꽃과 해골이 있는 정물화」, 1643.

인간의 일생을 은유한다. 당시 인기를 끌거나 값비싼 물건들도 각자 의
미를 담고 있다. 악기는 인생의 무상함과 덧없음을 뜻한다. 악기의 연
주로 탄생하는 음악은 선율이 아무리 아름답다 해도 잠시 울렸다 사라
지기 때문이다. 화려한 왕관이나 이국적이고 값비싼 조개껍데기 역시
인간의 부귀영화가 아무리 빛난다 해도 죽음과 함께 소멸함을 의미한
다. 책은 인간이 추구하는 지적 가치 역시 언젠가 허물어지고 사라질
것임을 뜻한다. 바니타스화 속의 정물은 단순한 정물이 아니라 인생 전
반의 허무를 상징하는 데 진정한 의미가 있다.

정물화 속 해골의 비밀

바니타스 정물화는 17세기 네덜란드의 부르주아에게 널리 사랑받는 그림이 되었다. 고급스러운 식자재와 금시계, 유리 공예품을 통해 자신의 부를 은근히 과시하는 동시에, 인생의 유한함을 의미하는 해골을 그려넣어 청렴함과 겸손이라는 품성까지 보여줄 수 있었기 때문이다. 현대인들이 SNS에 '인증 샷'을 올리듯, 당대의 부유한 시민층은 서재나 거실에 바니타스화를 걸어두고 부富와 철학적 가치를 동시에 내비칠 수 있었다.

　　바니타스화의 전통은 수 세기 전 명화에 박제되어 사라졌을까? 그렇지 않다. 오늘날에도 해골을 모티프로 한 액세서리나 옷이 종종 눈에 띈다. 몇 년 전에는 해외 명품 브랜드에서 해골 문양이 새겨진 스카프가 출시되어 인기를 끌기도 했다. 바니타스 정물화는 오늘날에도 많은 사람에게 영감을 주고 있다. 물질만능주의가 만연한 현대사회에서 이런 욕망이 허무할 수 있다는 가르침을 주기 때문이다. 한편으로는 동전의 양면과 같은 메시지를 건네기도 한다. 커다란 재앙이었으나 한편으로 새 시대의 물꼬를 텄던 흑사병이 그러했듯, 인간 삶의 유한함은 '생生'의 순간들을 소중히 여기라는 가르침으로 이어질 수 있기 때문이다.

# 2

# 인류 역사상 최고의 베스트셀러, 세상을 바꾼 사연

## 인쇄술과 성경 그리고 종교개혁

그림 9.
.............
빈센트 반.고흐,
「성경이 있는 정물」,
1885년.

그림의 주인공은 손때가 묻고 세월의 흐름이 역력한 성경이다. 모서리에 구리를 대었고 이중 놋쇠 장치를 해둔 책이지만 시간의 흔적은 고스란히 남아 있다.

작품을 그린 화가는 불운의 예술가로 유명한 빈센트 반 고흐Vincent van Gogh, 1853~90다. 「성경이 있는 정물」은 반 고흐의 초창기 작품이다. 반 고흐의 정물화는 소박하지만 강렬한 인상을 풍기는 작품이 많다. 낡은 구두나 침대, 작고 초라한 의자 하나를 그리더라도 사물의 묵직한 힘을 화폭에 담아냈다. 이 그림도 마찬가지다. 은은한 빛을 받은 성경은 영적인 느낌을 자아낸다. 이 작품은 반 고흐가 목사였던 아버지가 돌아가신 후 그린 것이다. 반 고흐는 인간의 죄를 짊어지고 거룩한 희생 제물이 되신 메시아의 오심을 예언하는 이사야서 53장이 보이도록 성경을 펼쳐놓았다.

이 성경은 아버지의 가르침과 모습을 상징한다. 반 고흐의 가족은 그가 어릴 때부터 목사관에서 매일 저녁 소리 내 책을 읽었다. 이런 시간을 통해 가족의 유대감을 쌓고 깊은 신앙심을 기를 수 있었다.

한편 화면 앞쪽에 책이 한 권 보인다. 화면에 생기를 불어넣는 밝은 노란빛을 띠고 있다. 19세기 프랑스 작가 에밀 졸라가 쓴 소설 『생의 기쁨』으로 전통에 저항하던 젊은이들에게 인기를 끌던 작품이었다. 그러나 성경의 가르침에 반하는 내용이 담겨 있어 반 고흐의 아버지 테오도뤼스는 싫어하던 책이었다. 그는 이 책을 타락한 세속 소설이라며 비판했다고 한다. 하지만 아들 빈센트는 반대였다. 아버지에게 읽어보기를 권할 만큼 이 소설을 좋아했다.

성경과 소설『삶의 기쁨』이 나란히 놓인 광경은 무엇을 의미할까. 다양한 해석이 있다. 종교와 전통을 강조했던 아버지에 대한 불편한 마음을 드러냈다고 보는 이들도 있지만 정반대로 해석하는 이들도 있다. 그림에 등장한 성경은 구약성경의 이사야서다. 이사야 1장에는 "내가 자식을 양육하였거늘 그들이 나를 거역하였도다"라는 구절이 있다. 아버지가 따랐던 성경과 그에 반항했던 자신의 상징인 책을 함께 놓아, 반항적이었던 과거를 반성하고 참회한 그림이라고 해석하는 이들도 있다.

어떻게 해석하든 변치 않는 사실이 있다. 반 고흐가 살던 시대의 성경은 종교와 전통의 상징이었다. 하지만 그로부터 수백 년을 거슬러올라가면 성경은 전혀 다른 의미를 품고 있었다. 15~16세기의 성경은 새로운 발명과 혁신, 저항의 상징으로 통했으며 새 물결을 일으킨 변화의 시작점이었다.


## 천 년간 인류 역사 최고의 발명품, 어떻게 탄생했을까

1997년 미국의 시사 주간지『라이프』가 '지난 천 년간 인류의 역사에서 중요한 100가지 발명품'을 선정했다. 영광의 1위를 차지한 발명품은 무엇일까. 15세기 요하네스 구텐베르크가 창안한 활판인쇄술[1]이다. 구텐베르크 역시 1999년 시사 주간지『타임』이 선정한 '밀레니엄 인물

---

1   구텐베르크의 성경이 세계 최초의 활판인쇄본은 아니다. 이미 1377년 고려에서 세계 최초로 금속활자 기술을 활용해『직지심체요절』을 인쇄한 바 있기 때문이다. 조선시대에도 금속활자를 이용해 책을 인쇄 출판했다. 그렇지만 우리나라에서는 민간이 아닌 국가에서 모든 과정을 실행했고, 책에 담긴 지식 역시 기존의 질서를 유지하는 데 그쳐 구텐베르크의 인쇄술만큼 사회에 큰 영향력을 미치지는 못했다.

Man of the Millennium'로 뽑혔다.

구텐베르크의 발명 이전에는 인쇄술이 존재하지 않았던 걸까? 그렇지 않다. 인쇄술은 일정하게 배열된 활자나 그림이 새겨진 판에 잉크를 묻힌 뒤, 종이 등의 재료를 대고 압력을 가해 찍어내는 기술이다. 활자를 목판에 조각해 찍어내는 목판인쇄의 경우, 이미 기원전 3세기경부터 중국에서 시작되었다. 14세기경에는 유럽에도 널리 소개된 기술이었다. 그러나 목판인쇄술은 널리 활용되지 않았다. 주로 제목을 찍거나 그림 장식을 제작할 때만 쓰였다. 나무판에 글자를 오목하게 파거나 볼록하게 깎는 과정 자체가 까다로웠기 때문이다.

구텐베르크가 활판인쇄술을 발전시키기 전까지는 일일이 베껴 쓰는 방식(필사)으로 책을 만들었으니, 중세 유럽에서 책을 만드는 과정은 길고 고된 노동이었다. 특히 기독교가 커다란 영향력을 미쳤기에 종교의 가르침을 전하는 성경이 꼭 필요했지만 공급이 극히 적었다. 수도원에서 수도사들이 직접 베껴 써서 성경을 만들었는데, 몇 년이 걸릴 만큼 힘들었다. 이런 이유로, 만들어진 책 역시 일반인은 구입하기 어려울 정도로 무척 비쌌다. 주로 귀족이나 성직자, 왕족 들 같은 몇 안 되는 사람들만이 돈을 주고 책을 살 수 있었다. 성경은 수도원이나 교회에서 주로 소유할 수 있는 물건이었다. 필사본 성경 66권 한 질은 집 열채 값에 이르는 가격으로 팔릴 정도로 비쌌다.

이토록 어렵고 까다롭던 인쇄술의 방향을 바꿔놓은 것이 구텐베르크의 활판인쇄술이었다. 활판인쇄술은 금속활자를 이용하여 대량 인쇄하는 방식이다. 독일 인쇄업자 구텐베르크는 원래 라인강 근처의 도시

인 마인츠의 조폐국에서 일했는데 그때의 경험을 살려 1450년경 활판
인쇄술을 고안해냈다.

구텐베르크는 먼저 납으로 활자를 하나하나 만들었다. 납과 주석을
적절한 비율로 섞어 녹인 다음 틀에 부어넣어 활자를 만든 것이다. 그
런 다음 활자를 조합해 단어를 맞추고 줄을 짜서 판을 만들었다. 이렇
게 만든 판의 표면에 잉크를 바르고 종이를 얹어 강하게 눌러 찍어냈
다. 이 기술을 사용하면 판면 전체를 칼로 깎아낼 필요가 없었으니 책
을 대량으로 찍어낼 수 있는 획기적인 방법이었다.

처음에는 활판인쇄술 역시 사람의 힘에 의지했다. 하지만 효율성이
떨어지고 한계가 있었다. 고민하던 구텐베르크는 포도나 올리브를 압

그림 10.
구텐베르크의 기술로 찍어낸 성경.

인류 역사상 최고의 베스트셀러, 세상을 바꾼 사연

그림 11.
..........
15세기 유럽의 인쇄소에서
책을 제작하는 모습.

착하는 기계에서 힌트를 얻었다. 압축기 사이에 활판과 종이를 넣어 힘을 고루 가하면 되는 간단한 방식이었다. 이것이 압착인쇄기의 발명이었다. 구텐베르크는 그을음과 아마씨 기름을 섞어 인쇄에 적합한 잉크도 만들어냈다. 압착인쇄기의 압력에 견딜 수 있을 만큼 단단한 이탈리아산 종이도 찾아냈다.

대량 인쇄 기술을 얻은 구텐베르크는 인쇄소를 세웠다. 뛰어난 발명가였던 구텐베르크가 자기 인쇄소에서 최초로 찍어낸 책은 무엇이었을까. 성경이었다. 한 페이지가 마흔줄 2단으로 인쇄된, 1272쪽에 이르는 두 권짜리 성경으로, 구텐베르크는 대량 인쇄를 위해 각종 알파벳과

부호 등 10만 개의 활자를 만들었다고 한다. 180여 권의 책을 찍어내는 데 3년의 시간을 들였다. 인쇄한 책이지만 필사본의 아름다움과 디자인을 유지하고 싶어 정성을 들였다. 장인정신이 담긴 성경이 탄생했다.

## 인쇄 기술, 지식의 물길을 바꾸다

수많은 책 중에서도 구텐베르크가 성경을 인쇄한 이유는 무엇일까. 그는 원래 신앙심이 강한 사람이었지만 수완 좋은 사업가이기도 했다. 유럽에서는 종교의 영향력을 무시할 수 없었고 성경의 수요[2]는 분명 엄청날 터였다. 그의 예상은 적중했고 성경은 폭발적인 수요를 끌어냈다. 그러나 구텐베르크는 성경 인쇄로 부자가 되기는커녕 오히려 곤경에 빠졌다. 인쇄소 설립에 워낙 큰 돈을 빌렸기 때문이다. 파산에 몰렸을 뿐만 아니라 빚 독촉을 받는 신세가 되었다.

그러나 구텐베르크의 인쇄술은 다른 의미에서 뜻깊은 성공을 가져왔다. 유럽 전체의 책 생산에 커다란 영향을 주었기 때문이다. 구텐베르크가 새로운 인쇄술을 발명한 이후 독일뿐 아니라 유럽 각지에 인쇄소가 세워졌다. 1500년경에는 독일에만 인쇄소가 300개에 이르렀다. 구텐베르크 인쇄술은 기존 방식인 필사에 비해 놀라울 정도로 속도가 빨랐고, 대량 인쇄도 일반화되었다.

많은 인쇄업자들이 대중적인 성서를 판매하는 데 뛰어들었다. 성경의 수요가 어마어마하다는 점에 주목한 것이다. 이전에는 수도사들이

---

2   시장에서 구매력을 갖춘 구매자가 어떤 상품을 사고자 하는 욕구.

책 한 권을 필사하는 데 길게는 몇 년이 걸렸는데, 인쇄기로는 일주일에 500권이 넘는 책을 찍어낼 수 있었다. 대량생산은 책의 가격에도 영향을 미쳤다. 이전에 비해 책이 훨씬 더 저렴해졌다.

이후 활판인쇄술은 급속히 퍼져서 1460년부터 1500년까지 유럽에서 중세 1000년 동안 출간된 책의 40배에 달하는 책이 쏟아져나왔다. 책의 대량생산은 새로운 변화를 불러왔다. 그때까지 책을 접해볼 기회조차 없던 일반인도 이제 정보와 지식을 쉽게 접할 수 있었기 때문이다.

이전까지 글을 읽는 것은 왕이나 귀족만 누릴 수 있는 특권이었다. 인쇄술이 널리 퍼지고 책이 대량 인쇄되면서 새로운 정치사상이나 종교 이념들이 예전에 비해 훨씬 더 빠르게 전파되었다. 새로운 지식과 사상을 습득하자 사람들의 의식 수준도 바뀌었다. 자신이 접한 정보를 스스로 해석하고 기존 통념에 도전하게 된 것이다. 특히 경제력을 쌓아가던 부르주아들은 읽고 쓰는 능력까지 축적하면서 신흥 중산층으로 자리잡았다. 인쇄술의 발달은 연쇄 반응을 일으켰다. 학문이 번영해 14세기 말부터 유럽 곳곳에 대학이 세워졌다. 성경을 비롯한 각종 서적이 널리 유통되면서 교육과 학습 분야의 독점이 깨졌다.

구텐베르크의 발명처럼 기술이나 경영에서 새로운 아이디어를 내어 실생활에 도입하면서 변화를 주도하는 것을 혁신이라고 한다. 혁신은 낡고 묵은 것을 타파하는 힘을 가지고 있다. 구텐베르크보다 400년 늦게 태어난 경제학자 조지프 슘페터[3]는 기업가들이 이윤을 얻기 위해 끊임없이 새로운 상품과 서비스를 개발하면서 세상을 바꾼다고 보았다. 신제품을 발명하고 새로운 생산방법을 도입하고 신기술을 개발하는 과정에서 오랫동안 굳건하던 가치가 허물어지고 새로운 질서가 들어서는 창조적 파괴가 이루어진다. 구텐베르크의 발명은 15세기까지 이어졌던 전통을 뒤흔든 혁신이었던 셈이다. 그리하여 중세 유럽을 지배하던 기독교에도 변화의 물결이 밀려온다.

## 종교의 새로운 촛불이 켜지다

기괴한 모습의 그림이다. 닭과 비슷하게 생긴 털투성이 악마가 사람의 머리 형상을 매달고 연주하는 중이다. 중세 수도원의 사제로 보이는 머리의 형상은 누구를 가리킬까? 바로 마르틴 루터다. 루터는 종교개혁을 이끈 독일의 사제다. 믿음을 강조하던 루터를 악마로 인식한 그림이 떠돌았던 데에는 숨겨진 이야기가 있다.

중세를 뒤흔든 이 사건은 면죄부免罪簿 판매로 비롯되었다. 면죄부는 가톨릭교회에서 교황이 돈을 받고 죄를 사해주는, 약속 증명서 같은 것이었다. 기독교인이 가장 두려워한 것은 생전의 죄로 인해 죽은 후 지옥에 가는 일이었다. 지옥 불에 빠져드는 죄를 면해주는 증서가 면죄부였다. 원래 초기 교회에서는 고행을 견뎌야만 죄를 면할 수 있다고 믿었지만, 십자군전쟁이나 순례 여행에 참여한 사람들에게 면죄부를 떼어주는 일이 생겼다.

---

3   슘페터는 창조적 파괴와 혁신을 주창한 20세기의 경제학자다. 기업가는 새로운 상품이나 생산방식을 개발하고 시장을 개척하면서 기술혁신을 주도하고, 이 혁신을 통해 옛것이 파괴되고 사회가 변화하는데 이를 창조적 파괴라고 보았다. 최근 사례로는 휴대전화의 발명으로 검색, 인터넷 쇼핑 등이 가능해지면서 사람들의 일상생활 및 제품 생산방식에 변화가 일어난 것을 꼽을 수 있다.

그림 12.
.............
에두아르트 쇤, 「루터, 악마의 백파이프」, 1535년.

그러나 14세기에 이르러 면죄부의 발급 방법이 바뀐다. 가톨릭교회는 약간의 현금을 받고 면죄부를 판매하기 시작했고 이런 일이 점점 더 흔해졌다. 성당 건축에 돈이 필요했던 가톨릭교회는 이를 주목했다. 특히 바티칸의 성 베드로 성당을 다시 지으려고 했던 교황 레오 10세는 면죄부를 마구 팔아치웠다. 레오 10세는 도미니크 수도회의 한 신부에게 면죄부 판매를 의뢰했다. 요한 테첼이라는 인물이었다. 교황의 특별한 의뢰에 테첼은 지옥 불에 떨어져 고통받는 사람들 그림을 펼쳐놓으며 대중에게 설교했다. "(면죄부를 산 뒤) 모금함에 동전이 짤랑 하고 떨어지는 순간 영혼이 연옥에서 천국으로 날아오른다"고 말했다. 눈앞에 펼쳐진 연옥의 그림과 테첼의 설교로 공포에 휩싸인 사람들은 앞다투어 면죄부를 샀다.

이 현실에 분노한 인물이 있었다. 가톨릭 사제이자 독일 비텐베르크 대학 교수였던 마르틴 루터였다. 인간은 오로지 '신앙'에 의해서만 구원받을 수 있다는 것이 루터의 신념이었다. 참다못한 루터는 면죄부 판매의 부당함을 조목조목 따지는 글을 써서, 1517년 10월 31일, 비텐베르크성城의 교회 문에 붙였다. 이것이 그 유명한 95개조 반박문이다.

루터가 만약 13세기에 이런 반박문을 붙였다면 그의 주장은 금세 묻혔을지 모른다. 이를 널리 퍼뜨릴 매체가 없었기 때문이다. 다행히도 루터가 95개조 반박문을 발표한 시기는 15세기였다. 구텐베르크가 인쇄술을 발명해 새로운 정치사상이나 신앙을 널리 알릴 수 있는 환경이 갖추어져 있었다.

누군가 라틴어로 쓰인 루터의 95개조 반박문을 번역했고 이것이 인쇄술에 힘입어 널리 퍼졌다. 독일뿐 아니라 영국, 프랑스, 스위스, 네덜란드 등 전 유럽으로 퍼진 것이다. 루터의 95개조 반박문은 50만 부 이상 인쇄되었고 수많은 사람이 이 문서를 읽을 수 있었다. 루터는 교황과 성직자도 오류를 저지를 수 있는 인간에 불과하며, 한 개인의 양심을 지배하는 최고의 권위는 성경의 진리뿐이라 주장했다. 교황을 비롯한 어느 누구도 천국의 열쇠를 가지고 있지 않으니 교회의 위계 조직도 필요하지 않다고 말했다. 독일인들은 열광했고 루터의 의견을 지지하는 대중이 늘어났다.

루터의 주장은 가톨릭교회에 대한 정면 도전이자 위협이었다. 1520년, 교황청은 60일 이내에 루터가 주장을 철회하지 않으면 이교도로 간주할 것이라고 선언했다. 「루터, 악마의 백파이프」(그림 12)는 당시 루터의 사상을 탄압하던 가톨릭교회를 옹호하는 입장에서 그려진 그림이다. 이 그림에서 루터는 악마의 조종을 받아 교회를 비판하고 있다.

하지만 교회의 강력한 경고에도 루터는 뜻을 꺾지 않았다. 1520년 12월 10일 이미 내놓은 주장을 철회하라는 교황의 선언문을 군중이 지켜보는 가운데 불태웠다. 결국 1521년 교황청은 루터에게서 사제직을 빼앗고 이단으로 정죄했다.

루터는 박해를 피해 신성로마제국[4]의 프리드리히 선제후의 집에서 기사로 위장해 숨어 지냈다. 도망자 신세였지만 비교적 안전한 거처에서 루터는 그리스어와 라틴어로 쓰인 신약성경을 독일어로 번역하기

---

4 962년부터 1806년까지 현재의 독일, 오스트리아, 체코, 이탈리아 북부를 아울렀던 국가. 초기에는 강력한 중앙집권제였지만, 나중에는 여러 제후들에 의해 분할되었으며 수백 개 국가가 모인 연합국가 성격을 띠게 되었다.

시작했다. 당시에는 라틴어판만 있었기 때문에 일반인들은 성경 내용을 이해할 수가 없었다. 가톨릭교회 성직자들은 성경 교리를 자신들만의 방식으로 해석하며 체제를 유지할 수 있었다. 그러나 이해하기 쉬운 언어로 쓰인다면 일반 대중도 성경을 직접 읽으며 신의 말씀을 접할 수 있을 터였다.

루터가 번역한 성서는 대량으로 인쇄되었고 종교개혁에 새로이 불을 붙였다. 루터가 출판한 독일어 성서가 현대의 표준 독일어로 자리잡았고, 근대 독일어 발전에도 큰 영향을 미쳤다. 덕분에 많은 사람이 성경 내용을 직접 접할 수 있었다. 루터는 "인쇄술은 복음을 전파하는 일을 도와주신 하느님이 내린 가장 고귀하고 무한한 자비의 선물"이라고 말했다.

인쇄술과 함께 루터의 행보에 큰 힘을 실어준 이들은 독일 제후들이었다. 교황의 권위와 지배에 반발하던 제후들이 루터와 개혁가들의 주장을 지지하면서 종교개혁에 탄력이 붙었다. 루터파 제후들은 가톨릭을 강요하는 신성로마제국 카를 5세에게 '항의서'를 제출했다. 이때부터 이들은 프로테스탄트로 불렸는데 항의하는 사람이라는 뜻이다.

독일에만 한정된 이야기가 아니었다. 인쇄물이라는 새로운 매체 덕분에 루터의 주장은 세계 곳곳으로 퍼져나갔고 새로운 갈래가 생겨났다. 울리히 츠빙글리나 장 칼뱅을 중심으로 스위스에서도 종교개혁이 일어났다. 특히 칼뱅의 교리는 글을 아는 신흥 부자들 사이에 널리 퍼졌다. 활판인쇄기가 없었다면 불가능했을 일이다.

당시 종교에 나타난 새로운 변화의 분위기를 보여주는 것이 「촛불이

그림 13.
............
작자 미상, 「촛불이 켜지다」, 1625~50년.

켜지다」(그림13) 같은 그림이다. 가운데에 앉아 있는 인물은 루터다. 이 종교개혁가들은 대다수가 검은 옷을 입고 있다. 루터가 입었던, 장식이 없는 검은색 설교복은 시민 권위의 상징이었다. 검은색은 소박함과 평범함을 상징하는 색깔로, 하느님 앞에서는 가난한 자나 부유한 자나 평등하다는 것을 의미하기에 개신교의 상징 색이 되었다.

이들 앞에 책과 촛불이 놓여 있다. 책은 진리를 의미하고 환하게 켜진 촛불은 새로운 믿음을 의미한다. 탁자 건너편에는 교황과 왕, 가톨릭 수도사 등 구교를 상징하는 인물들이 앉아 있다. 이들은 입으로 바람을 불면서 필사적으로 촛불을 끄려는 중이다. 그럼에도 불구하고 촛불은 흔들림 없이 빛나고 있다. 이 새로운 믿음의 불은 쉽게 꺼지지 않을 것으로 보인다.

## 새로운 지식과 사상의 문을 열다

종교개혁의 촛불을 켠 루터는 1546년 63세의 나이로 고향 아이슬레벤에서 눈을 감았다. 그가 숨진 뒤 9년이 지나 기나긴 종교 분쟁 끝에 1555년 아우크스부르크에서 가톨릭교회와 프로테스탄트 사이에 협상이 이루어졌다. 군주들은 각자의 원칙에 따라 가톨릭과 프로테스탄트 사이에서 선택을 할 수 있게 되었다. 일반인들도 자신이 믿는 종교에 따라 다른 나라로 떠날 수 있었다. 교황의 지배에서 벗어난 교회가 최초로 인정받았으니, 개신교가 탄생한 것이다.

루터의 종교개혁은 단순히 종교의 변화만 가져온 것은 아니었다. 가톨릭교회 교리를 중심으로 하던 중세의 봉건제도가 흔들리고 교회 권위는 힘을 잃었다. 시대의 변화도 뒤따랐다. 14~16세기 유럽은 중세 봉건시대에서 벗어나고 있었다. 루터의 종교개혁 덕분에 사람들은 신 중심의 세상에서 벗어나 새로운 지식과 사상을 받아들였고, 고대 그리스와 로마를 범본으로 삼아 인간의 존엄성과 개인의 자유를 강조하는 르네상스시대가 찾아왔다. 이러한 개혁 한가운데서 성경은 새 시대의 문을 여는 열쇠가 되었다.

# 3

## '검은 황금'으로 불린
## 귀한 향신료

콜럼버스의 아메리카대륙
도착과 후추

그림 14.
.............
빌럼 클라스 헤다,
「도금된 술잔이 있는 정물화」,
1635년.

반짝이는 은식기와 투명한 유리잔이 눈에 띈다. 식탁에 놓인 그릇도 누운 도금 술잔도 화려하게 빛난다. 이런 모습이 실제 눈앞에 펼쳐진다면 어떤 기분이 들까. 더없이 고급스러운 레스토랑의 식탁 앞에 앉은 느낌이 들지 않을까.

빛나는 식탁 위에 근사한 세계를 펼쳐놓은 화가 빌럼 클라스 헤다Willem Claesz Heda, 1594~1680는 사물의 광택과 질감을 생생히 표현하는 실력을 지닌 화가였다. 하얀 식탁보와 도금 술잔의 반짝임, 납의 둔탁한 광택, 반쯤 깎인 오렌지의 질감까지, 헤다가 표현한 식탁 위의 세계는 보는 이에게 황홀함을 선사한다.

21세기 현대인이 SNS에 음식 사진을 올리듯, 600년 전의 네덜란드인들도 음식 정물화를 식당 벽에 걸어놓고 감상했다. 정물화에 등장하는 음식과 식기는 주로 고급스러움을 자랑하는 것들이었다. 네덜란드의 신흥 중산층, 부르주아들은 부와 풍요를 과시하기 위해 화가에게 희귀하고 값비싼 음식 그림을 주문했다. 부르주아만 그랬을까? 서민들도 크게 다르지 않았다. 평소 접하지 못하던 고급 음식의 모습이 궁금했기 때문이다. 오늘날 SNS 사진을 통해 고급 호텔의 디저트나 뷔페를 눈으로 감상하듯, 당시의 평범한 사람들도 값비싼 음식이 담긴 그림을 보며 대리 만족 했을 것이라고 전문가들은 추측한다.

헤다의 그림에 등장하는 그릇이나 음식도 마찬가지다. 그림 중심부를 차지한 굴은 당시 풍요와 번영을 상징하는 식재료였다. 먼바다에서 채취해야 하는데다 빨리 상하는 해산물이라 굴을 풍성하게 구비하고 보관하는 것 자체가 부를 상징했다. 그 뒤편에는 정체를 알기 어려운 가루도 보인다. 원통형 그릇에 놓인 하얀 가루는 소금이다. 소금 역시 당시에는 사치품에 속했다. 특정한 지역에서만 생산되던 수입품이었기 때문이다.

한편 식탁의 왼쪽 아래편 그릇에 놓인 종이가 눈에 띈다. 둘둘 말린 모습은 감상자의 호기심을 자극한다. 종이 안에 보관한 것으로 보아 부피가 매우 작은 식재료이거나 귀중한 음식일 가능성이 높다.

질문의 답을 멀리서 찾지 않아도 좋다. 당장 부엌 찬장을 뒤적여도 같은 물건을 찾을 수 있으니까. 후추다. 지금은 연감 종이에 싸서 쓸 정도로 귀중품은 아니고 원통형이나 네모난 곽 속에 들어 있는 조미료다. 오늘날엔 100그램에 몇 천원에 불과한 향신료. 그러나 한때는 '검은 황금'이라는 별명이 붙은 가루였다. 음식의 맛을 돋워주는 용도 이상의 가치를 지니고 있었으니 이로 인해 역사의 물길이 바뀌었다고 해도 과언이 아니다.


## 서양의 후추는 왜 귀중품이 되었을까

서양인들은 예로부터 육식을 즐겼다. 서유럽 기후는 서늘하고 건조해서 볏과 식물이 주로 자라는데, 이 줄기와 잎은 인간의 식량으로 적합하지 않아 초식동물의 먹이로만 썼다. 그래서 유럽에서는 오래전부터 소나 돼지, 양 같은 초식동물을 길러 도축해 고기를 섭취하는 음식문화가 자리잡았다. 하지만 추운 겨울에는 가축을 먹일 곡물을 구하기 어렵다. 그래서 추위가 닥치기 전에 최소한의 가축을 남기고 도살해 고깃덩이로 만들어놓았다.

〈그림 15〉를 통해 서양인들의 육식 습관을 짐작할 수 있다. 피터르 브뤼헐Pieter Brueghel, 1527~69은 농부들의 생활을 담백하게 보여주어 '농부의 화가'로 불린 인물이다. 네덜란드의 풍습과 속담을 흥미진진하게 화폭에 담아낸 작품을 여럿 남겼다. 「사육제와 사순절의 싸움」 역시 기독교인의 풍습을 담은 그림이다.

그림의 배경은 네덜란드의 한 마을 광장이다. 그림은 왼편과 오른편으로 나뉘어 있다. 오른편에는 사순절을 지키는 사람들이 등장한다. 사순절이란 매년 2월 중하순의 부활절 전, 주일을 뺀 40일 동안 가톨릭 신자들이 그리스도의 수난을 생각하며 경건하고 정결한 마음으로 지내던 기간을 말한다. 저녁이 되기 전까지 사람들은 하루에 한 끼만 먹거나 육식도 하지 않았다. 대신 청어라는 생선을 먹으며 수십 일을 보냈다.

긴 인내와 절제의 시간을 견디기 직전, 마음껏 놀자는 마음으로 보내던 축제가 사육제謝肉祭, canival다. 고기 육肉 자가 들어가는 것으로 짐작할 수 있는데, 카니발이 이탈리아어 카르네 발레carne vale에서 왔다는 설이 유력하다. 카니발 기간 동안 사람들은 고기와 술을 마음껏 먹고 마시며 축제를 즐겼다.

브뤼헐의 「사육제와 사순절의 싸움」은 사순절의 금욕적인 분위기와 쾌락을 즐기는 사육제(카니발) 장면을 한 화폭에 담았다. 사순절과 사육제의 대조적인 정경은 팽팽한 긴장과 흥미로운 분위기를 자아낸다. 특히 사육제를 즐기는 사람들 가운데 돼지고기를 꽂아둔 맥주 통에 걸터앉은 몸집 큰 사내가 눈에 띈다. 머리에 고기 파이를 얹은 기이한 모습

그림 15.
........
피터르 브뤼헐, 「사육제와 사순절의 싸움」, 1559년.

그림 16.
........
「사육제와 사순절의 싸움」(세부)
사육제를 즐기는 푸줏간 수인의 모습.

이다. 허리에는 푸줏간 칼이 꽂혀 있는 것으로 보아 푸줏간을 운영하는 사람임을 알 수 있다. 이 푸줏간 주인은 사육제를 상징하는 인물이라 볼 수 있다. 사육제와 사순절의 싸움은 승패를 가리기 어렵지만 한 가지 사실만은 확실하다. 서양에는 오래전부터 육식을 즐기는 식습관이 있었고, 이따금 절제의 시간이 필요했다.

육식 문화를 즐긴 서양인들에게도 커다란 난관이 있었다. 바로 고기의 부패였다. 도축하고 시간이 지날수록 고기의 신선도는 떨어지고 나중에는 먹을 수 없게 된다. 냉장고나 통조림이 없던 중세 유럽에서 사람들은 고기를 소금에 절여 겨울을 나고는 했다.

그러나 소금에 절인 고기는 노린내가 나거나 금세 부패하고 맛이 고약해졌다. 이런 때 구세주 같은 물품이 후추와 같은 향신료였다. 향신료는 음식에 풍미를 주어 식욕을 높이는 양념이다. 후추뿐 아니라 육두구[1], 계피, 바닐라, 코코아, 사프란 등 향신료의 종류는 다양하다.

그러나 '향신료의 왕'이라 불리며 으뜸으로 여겨진 것은 뭐니 뭐니 해도 후추였다. 후춧가루는 덩굴식물인 후추나무의 열매로 만든 향신료다. 작은 흰 꽃과 노란 꽃이 진 후에 열매가 맺히는데 이를 건조해서 잘게 갈면 후춧가루가 된다. 후추에는 피페린이라는 혼합물이 포함되어 특유의 매운 맛과 향이 난다. 조금만 첨가해도 고기의 노린내를 없애주는데다 맛까지 깊고 풍부하게 해줘 널리 사랑받았다.

문제는 후추나무가 유럽에서 자라는 식물이 아니었다는 점이다. 서

---

[1] 인도네시아 등 동남아시아를 중심으로 생산되는 향신료의 하나로 포르투갈 상인에 의해 17세기 유럽에 전해졌다. 호두와 비슷한 생김새에 독특한 향을 지녀 음식의 풍미를 높여주었으며 후추보다 비싼 향신료로 유명했다.

그림 17.
후추의 모습.

늘한 유럽에서는 기를 수 없었기에 열대 지역에서 가져와야 했고 이런 이유로 후추는 귀한 대접을 받았다.

서양에 후추가 본격적으로 전해진 때는 기원전 4세기경이다. 마케도니아의 알렉산드로스대왕이 기원전 334년 동방 원정을 떠나 오늘날의 이집트, 시리아, 터키, 이란, 인더스강 유역까지 정복하면서 동양의 향신료가 유럽에 전해졌다. 알렉산드로스는 친구인 식물학자를 데려가 점령지의 향신료를 수집하게 했다. 세기의 정복자 역시 양념의 중요성을 알았던 것이다.

고대 로마 이후부터 후추가 본격적으로 유럽인에게 알려졌다. 새로운 뱃길이 열렸기 때문이다. 상인들은 인도에서 무역풍을 타고 바다를 건너 이집트를 거쳐 유럽으로 후추를 수출했다. 나중에는 동서양을 잇

'검은 황금'으로 불린 귀한 향신료

는 육로인 실크로드를 이용하거나 바닷길로 상업의 중심지인 아라비아 반도로 옮긴 다음, 다시 이집트나 이탈리아의 베네치아로 운송했다. 먼 지방에서 긴 항해를 거쳐 유럽에 들일 수 있었음에도 향신료의 인기는 높았다. 아시아 및 아프리카 동부 해안에서 지중해로 수입되는 물품의 반 이상이 향신료였다. 그중에서도 인도에서 들여온 후추가 교역품의 대부분을 차지했다.

이렇게 유럽에 들어간 후추는 무척 비싸서 로마에 도착했을 때는 같은 무게의 금과 가격이 맞먹을 정도였다. 1세기 로마의 학자 플리니우스는 "고작해야 톡 쏘는 맛만 가진 후추를 황금이나 은처럼 무게를 달아 팔고 있다. 영양도 없는 것 때문에 매년 5000만 세스테르티우스(로마 화폐의 단위)의 돈이 빠져나간다"고 한탄했을 정도다.

플리니우스가 한탄을 하건 말건 후추는 계속 귀중한 상품으로 남았다. 중세까지만 해도 유럽인들은 곡식으로 만든 죽이나 빵과 고기를 먹고 살았다. 비싼 후추를 뿌려 고기를 먹으면 맛이 더없이 좋아졌으니 찾는 사람이 많았다. 수요는 어마어마한데 공급은 터무니없이 적었으니, 그만큼 시장가격이 껑충 뛰었다. 14세기 영국에서 후추 1파운드 값은 양 100마리의 가격과 맞먹을 정도였다.

이 진귀한 상품은 부자들만 살 수 있었으므로 부를 과시하는 수단이 되기도 했다. 가치를 보장할 수 있어 유럽에서는 후추를 화폐처럼 사용하기도 했다. 세금, 결혼 지참금, 집세를 후추로 납부하기도 했고 무역 거래 결제 수단으로도 후추가 널리 쓰였다.

검은 황금인 후추에 대한 욕망도 자라났다. 사람들은 이제 향신료를 더 저렴하게 얻을 수 있는 방법을 고심하다 새로운 뱃길을 찾았다. 세계사의 흐름을 바꾼 탐험의 시작이었다.

## 후추를 얻기 위한 모험과 전쟁

〈그림 18〉을 보자. 일꾼들이 부지런히 열매를 수확하는 중이다. 자세히 보면 검은 열매를 수확하고 있음을 알 수 있다. 오른편에는 검은색 물체가 담긴 바구니를 확인하는 남성이 보인다. 그는 일꾼들이 생산한 농산물을 신중하게 살펴보며 향을 맡고 있다. 이 그림은 마르코 폴로의 『동방견문록』에 실린 삽화다. 바지런히 움직이며 열매를 따고 있는 사람들은 인도인이며, 이들이 수확하는 검은 열매는 후추다. 유럽인이 애지중지하던 후추가 인도에서 풍성하게 생산되고 있다는 것을 삽화는

그림 18.
후추를 수확하는 인도인들(마르코 폴로의 『동방견문록』 삽화).

'검은 황금'으로 불린 귀한 향신료

보여준다.

『동방견문록』의 주인공 마르코 폴로는 13세기 말엽 중국 원나라를 방문했던 상인이자 여행가다. 베네치아 상인 가문에서 태어나 십대의 어린 나이에 아버지를 따라 원나라로 가는 기나긴 여정에 올랐다. 그렇게 동양에서 24년을 보내고 고향인 베네치아로 돌아갔다.

이후 마르코 폴로는 여행기로 베스트셀러 작가가 된다. 흥미로운 것은 마르코 폴로가 여행기를 직접 쓰지 않았다는 사실이다. 13세기는 지중해의 무역 주도권을 두고 이탈리아의 도시국가인 베네치아와 제노바, 피사가 서로 다투던 시기였다. 동양 여행을 마치고 온 마르코 폴로는 베네치아와 제노바의 전쟁에서 포로가 되어 감옥에 갇혔다가 무료해하던 동료에게 여행담을 늘어놓았다. 낯선 이국의 흥미진진한 이야기에 동료들은 귀를 쫑긋 세웠다.

마르코 폴로의 이야기는 부정확했고 과장과 허풍이 뒤섞여 있었다. 가령 중국에는 수백만 명의 인구가 세금을 내는 도시가 수백만 개 있고, 기마병과 선박의 숫자도 수백만이나 된다는 식으로 '수백만'이라는 수식어를 남발하는 식이었다. 그렇지만 사람들의 흥미를 끌기에 충분한 이야기였다. 동료 루스티켈로라는 사람이 마르코 폴로의 모험담을 받아 적어 책으로 펴냈고, 세기의 베스트셀러『동방견문록』이 탄생했다.

책이 좋은 평가만 받은 것은 아니었다. 과장된 이야기, 믿지 못할 이야기라는 평가도 이어졌다. 그럼에도『동방견문록』은 출간되자마자 유럽에서 100여 종의 판본이 나올 정도로 인기를 끌었다. 더불어 수많은 유럽 독자에게 동양에 대한 환상을 심어주었다. 이 책에 묘사된 동양의 모습은 미지의 세계에 대한 호기심 이상의 강렬한 감정을 솟아나게 했다. 동방 탐험에 성공하면 엄청난 수입을 챙길 수 있다고 생각하는 사람이 늘었다.

사람들은 특히 '후추'에 뜨거운 관심을 기울였다. 마르코 폴로가 중국 남부의 항구 도시인 항저우에서 매일 10만 파운드 무게의 후추가 무역선에 실려온다고 했기 때문이다. 이런 이야기에 자극을 받아 새로운 길을 찾아 나서는 탐험가도 있었다. 대표적인 인물이 아메리카대륙을 발견한 크리스토퍼 콜럼버스였다.

## 유럽 무역의 아웃사이더, 새로운 '향신료의 길'을 찾아 나서다

화려한 배경의 그림이다. 화면 왼쪽, 높은 자리에 왕관을 쓴 남성과 여성이 자리잡고 있다. 그 모습으로 짐작할 수 있듯 왕과 여왕이다. 그들 앞에 한 남성이 가슴에 손을 얹고 앞에 있는 고귀한 이들을 설득하고 있다. 궁정 사람들이 이 장면을 구경하고 있다. 그러나 이 일장 연설에 왕은 당황한 것처럼 보인다. 심지어 여왕은 머리에 손을 짚은 채 난감한 표정을 짓고 있다.

지금 제노바 뱃사람 콜럼버스가 서쪽 바다로 나아가 인도에 도달하겠다는 야심찬 계획을 밝히고 있다. 콜럼버스 앞에 앉아 있는 두 사람은 스페인의 공동 왕위에 오른 카스티야 왕국의 이사벨과 아라곤 왕국의 페르난도다. 콜럼버스 옆에 있는 수도승이 콜럼버스 프로젝트를 뒷

'검은 황금'으로 불린 귀한 향신료

그림 19.
에마누엘 로이체, 「스페인의 공동 군주인 페르난도와 이사벨 앞에 선 콜럼버스」, 1843년.

받침하는 항해도를 공개하는 중이다. 빨간 모자를 쓴 추기경이 그림 왼쪽 모서리 쪽에 앉아 심사숙고하고 있다.

콜럼버스는 어릴 때부터 뱃길에 익숙한 사람이었다. 지리서, 역사서 등 수많은 책을 읽었으며 특히 마르코 폴로의 『동방견문록』에 큰 감명을 받았다. 여백에 메모까지 해가며 꼼꼼하게 읽었고 동양 여행에 대한 꿈을 키웠다.

그는 심사숙고한 끝에 마침내 서쪽 바다를 통해 동양으로 갈 수 있다는 확신을 품었다. 유럽에서 중국이나 인도로 가려면 대서양을 건너는 편이 낫다고 생각한 것이다. 콜럼버스는 포르투갈 왕 주앙 2세에게 지원을 청했다. 그렇지만 주앙 2세는 동양보다 아프리카로 가는 길에 더 관심이 있었다. 콜럼버스는 좌절하지 않고 지금의 스페인 한복판에 있던 카스티야 왕국²을 찾아가 두 왕을 설득했다. 더불어 새로운 뱃길을 찾을 경우 인도에서 세금을 거두어들일 권리와 총독 자리를 요구했다. 그림에 나타나 있듯 이렇게 과도한 요구에 두 왕도 난감해했으나 고심 끝에 카스티야 왕국은 콜럼버스의 제안을 받아들인다.

스페인 왕실이 콜럼버스의 여행을 지원한 이유가 뭘까. 스페인의 지리적 위치와 관련이 있다. 이 나라가 유럽의 무역권에서 동떨어진 '무역의 아웃사이더'였기 때문이다. 스페인은 서쪽과 남쪽 해안이 대서양에 맞닿아 있는 국가로 일찍부터 항해술이 발달했지만 크게 이익을 보지는 못했다. 당시까지 향신료 무역의 중심이 되는 바다는 대서양이 아닌 지중해였기 때문이다. 유럽 사람들이 동양에 이르자면 이탈리아 근처의 지중해를 통해야 했다. 특히 이탈리아의 베네치아와 제노바가 무역의 권력을 틀어쥐고 있었다. 그렇지만 이탈리아 역시 교역의 전권을

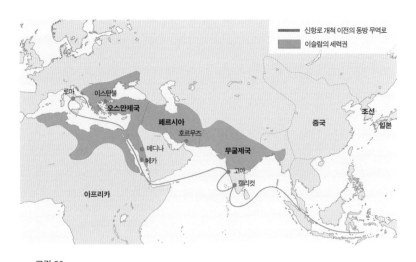

그림 20.
대항해 시대 이전의 동빙 무역로와 이슬람제국의 세력권.

'검은 황금'으로 불린 귀한 향신료

잡고 있는 것은 아니었다. 그들은 귀한 향신료의 원산지가 어디인지 알지 못했다. 아라비아 상인이 인도 등지에서 이집트나 아라비아반도의 항구까지 향신료를 가져오면 유럽으로 옮기는 역할을 했을 뿐이다.

그나마 이탈리아의 도시국가들이 무역에서 힘을 쓸 때는 괜찮았다. 이슬람교[3]가 국교인 오스만제국이 지중해 무역을 독점하자 문제가 생겼다. 13세기, 아나톨리아반도에서 신흥 강자로 떠오른 오스만제국은 동서양 무역을 쥐락펴락했다. 이후 1453년 메메트 2세는 동로마제국을 정복하고 수도 이름을 콘스탄티노플에서 이스탄불로 바꾸었다. 현재 튀르키예의 가장 큰 도시인 이스탄불은 고대부터 유럽과 아시아를 잇는 위치에 있는데다 삼면이 바다로 방어에 용이한 천혜의 도시다.

오스만제국의 이슬람 상인들은 동양에서 유럽으로 가는 뱃길을 막고 세금을 받았다. 특히 인도에서 유럽으로 흘러가는 후추의 중개무역을 독점하며 수입량을 조절했다. 공급이 줄어드니 가격이 치솟았다. 여기에 더해 유럽 상인들에게 통행세 지불을 요구했고 이는 후춧값에 고스란히 반영되었다. 인도에서 출발해 여러 곳을 거치며 발생하는 관세[4]

---

2 　중세에 지금의 스페인과 포르투갈이 위치한 이베리아반도에 들어섰던 왕국. 1479년 아라곤-카탈루냐 왕국과 연합하여 800년간 이베리아반도를 지배했던 이슬람 세력을 몰아내고 1492년 '국토수복전쟁'을 종결지었다.

3 　7세기에 신의 예언을 받았다고 주장한 무함마드가 창시한 종교. 다른 종교에 비해 뒤늦게 탄생했지만 아랍 세계와 유럽에 이르기까지 강력한 힘을 떨쳤다. 여러 부족으로 나뉘어 있던 아랍은 이슬람교를 통해 통일을 이루고 정복 활동에 성공했다. 현재까지 이슬람교는 서아시아와 북부 아프리카의 일상과 정치에도 영향을 미치는 강력한 종교다.

4 　국가 간 무역을 할 때 상품에 붙는 세금. 국내 산업을 보호하기 위해 수입 상품에 높은 세금을 매기면 가격이 비싸져 수입을 억제하는 효과가 있다. 더불어 국가의 살림살이도 넉넉해진다.

와 중간상인에게 지불하는 돈, 운송비 등이 붙으면서 안 그래도 비쌌던 후춧값이 50배 넘게 뛰었다. 불만은 커졌으나 별 도리가 없었다. 후추가 간절했던 유럽인들로서는 황금과 같은 향신료를 얻으려면 오스만제국의 도움이 필요했기 때문이다.

그러나 시간이 지나면서 유럽인의 불만이 커졌다. 특히 무역의 중심 지중해에서 멀리 떨어져 있다는 이유로 더 비싼 값을 치러야 했던 스페인과 포르투갈의 불만이 더 클 수밖에 없었다. 후추를 얻기 위해 새로운 길을 찾아야 한다는 목소리도 높아졌다. 이런 와중에 동양에 가는 새로운 길을 찾겠다는 콜럼버스의 제안은 물리치기 어려운 것이었다. 페르난도 2세와 이사벨 여왕은 결국 콜럼버스에게 배 두 척과 자금을 지원한다. 나머지 한 척은 콜럼버스가 자신의 돈으로 직접 빌렸다. 역사를 바꾼 항해의 시작이었다.

## 콜럼버스의 아메리카대륙 도착, 행운일까 불운일까

1492년 8월 3일, 콜럼버스와 탐험대는 스페인의 항구를 떠났다. 몇 주를 항해했지만 육지라고는 전혀 보이지 않았다. 콜럼버스와 선원들은 초조해졌다.

어느 날 갑자기 수평선에 섬이 나타났다. 콜럼버스는 이 섬이 인도라고 굳게 믿었다. 그러나 사실 숨겨진 비밀이 있었다. 콜럼버스는 대서양을 통해 동양까지 가는 가장 짧은 길을 찾으려 했었다. 당시에도 '지구가 둥글다'는 생각은 어느 정도 알려져 있었으나 정작 지구상의 각

'검은 황금'으로 불린 귀한 향신료

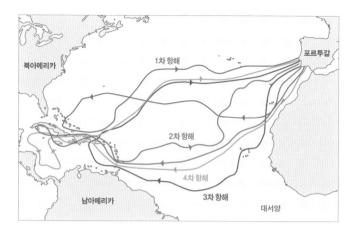

그림 21.
.............
콜럼버스의 항해로.

그림 22.
.............
1492년 신대륙에 도착한 콜럼버스가 원주민들을 만나는 모습.

대륙이 얼마나 멀리 떨어져 있는지는 전혀 알지 못했다. 콜럼버스와 같은 탐험가들은 동쪽으로 걸어서 가는 것보다 배를 타고 서쪽으로 가는 편이 인도에 더 빨리 닿는 방법이라 믿었지만, 이는 유럽과 아시아 사이에 바다밖에 없을 것이라는 믿음에 바탕을 둔 생각이었다. 커다란 착각이었다. 사실 유럽과 아시아 사이의 대서양에는 또하나의 대륙, 아메리카가 존재했기 때문이다.

콜럼버스가 인도라고 믿은 땅은 사실 아메리카대륙 근처의 섬들이었다. 그는 이 섬들에 '서인도제도'라는 이름을 붙였고 여기 사는 원주민 역시 인도인이라 생각해 인디언이라고 불렀다.

콜럼버스는 1506년 사망할 때까지 자신이 인도에 도착했다고 믿었다. 콜럼버스의 죽음 이후 탐험가 아메리고 베스푸치가 두 차례 항해한 끝에 그 땅이 유럽인들이 몰랐던 새로운 대륙임을 확인했고, 신대륙은 아메리고의 이름을 따서 아메리카로 불리게 됐다.

아메리카대륙은 유럽인에게 매력적인 기회의 땅으로 급부상했다. 에르난 코르테스, 후안 데 라 코사 등 스페인의 많은 탐험가들이 부리나케 신대륙으로 달려갔다. 이들 탐험가와 일행들은 새로운 땅을 헤집었다. 원주민에게는 엄청난 재앙이었다. 유럽인들에게 딸려온 병균에 면역력이 없어 속수무책으로 쓰러진 것이다. 더불어 탐험가들은 착취자로 변했다. 원주민들이 사는 마을을 파괴하고 값비싼 원료와 자원을 빼앗아 갔다.

'검은 황금'으로 불리던 후추는 결과적으로 유럽인들에게 새로운 뱃길과 탐험의 기회를 열어주었다. 더불어 유럽인들은 미지의 대륙을 찾

'검은 황금'으로 불린 귀한 향신료

았으며 이를 통해 기존 세계관을 바꾸었다. 이들은 향료보다 신대륙 자체가 어마어마한 가치를 가지고 있다는 사실을 확인하고, 이곳을 부지런히 식민지로 만들었다. 유럽인의 입장에서는 크나큰 행운이었겠으나 아메리카대륙에 살던 원주민 입장에서는 비극이 시작된 셈이었다. 검은 황금을 찾기 위한 탐험은 각 대륙의 운명을 가른 중대한 사건이었던 것이다.

# 4

# 대항해를 도운 과일

오렌지와 바스쿠 다 가마의
인도 항로 발견, 대항해 시대

그림 23.
..........
야콥 판 훌스동크,
「레몬, 오렌지, 석류가 있는 정물」,
1630년경.

꽃과 잎이 달린 레몬과 오렌지, 먹기 좋게 썰린 석류가 청색 도자기 접시에 담겨 있다. 과일이 담긴 도자기 접시의 푸른빛과 레몬과 오렌지의 노란빛이 대조를 이루며 과일의 싱그러움을 강조한다. 석류의 붉은색도 식욕을 자극할 만큼 매혹적이다. 꽃에 맺힌 물방울, 탁자에 떨어진 물방울을 통해서도 과육의 싱싱함을 짐작할 수 있다.

야콥 판 홀스동크Jacob van Hulsdonck, 1582~1647는 과일과 꽃을 생생히 묘사한 그림을 많이 남겼다. 특히 레몬과 오렌지 그림이 많다. 홀스동크뿐 아니라 당시 화가들의 그림에 자주 등장하는 소재였다.

레몬과 오렌지, 석류는 상당한 양의 햇빛과 물이 필요해 아열대기후에서 자라는 과일이다. 유럽에서도 지중해 연안이나 스페인 남부에서 주로 자란다. 당연하게도 홀스동크가 살던 시절의 북부 유럽에서는 수입해야 먹을 수 있는 고급 과일이었다.

해외에 나가야 구할 수 있는 귀한 과일이었기에 북유럽에서 레몬은 부의 상징이 되었다. 특별한 과일을 얻기 위해 네덜란드의 부자들은 온실을 지어 오렌지나무 혹은 레몬나무를 키우기도 했다. 그림 속 과일을 담은 흰 바탕에 푸른빛을 띤 그릇도 중국에서 온 청화백자로서 유럽인에게 인기를 끌던 것이었다. 이 역시 소유자의 부와 고상한 안목을 보여주는 사치품이었다. 레몬을 직접 키우거나 값비싼 청화백자를 가질 여유가 없는 이들은 그림 속 이국의 과일을 보며 대리 만족을 얻었다.

풍성한 과일에는 종교적 의미도 있었다. 과일은 하느님의 자애와 자연의 풍요로움을 뜻한다. 동시에 한철 지난 과일처럼 언젠가는 썩고 문드러져 우리 삶에서 사라지는 것들을 의미할 때도 있다. 구약성경에서도 오렌지 이야기를 찾을 수 있다. 기원전 8세기경, 물질적으로 풍요롭던 이스라엘 왕국에 부패와 타락의 분위기가 감돌았다. 이때 신은 이스라엘 왕 아모스에게 '여름 과일 한 바구니'를 보여준다. 언젠가 상할 과일은 이스라엘의 종말이 가까워졌음을 뜻하는 음식이었다.

오렌지와 레몬이 정물화에 자주 등장하는 이유가 또 있었다. 당시 유럽의 정물화에는 유독 껍질이 반쯤 벗겨진 레몬이 등장하는 경우가 많다. 이유가 뭘까? 구불구불 이어지는 레몬 껍질이 시간의 흐름을 비유하기 때문이다. 껍질이 일부만 벗겨진 것은 유한한 삶의 시간이 그만큼 지나갔음을 의미한다. 더불어 반쯤 깎인 과일은 화가의 솜씨를 드러내는 것이기도 했다. 레몬의 오톨도톨한 표면과 그 안의 싱싱한 과육은 질감의 차이가 명확하다. 그런 차이를 섬세하고 세밀하게 그려낼수록, 화가의 실력이 뛰어나다는 사실을 드러낼 수 있었다.

그런데 이 레몬과 오렌지는 많은 사람의 목숨을 구하기도 했다. 유럽 대항해 시대[1] 미지의 바다를 탐험하던 선원들 이야기를 해보자.


### 바스쿠 다 가마의 대발견, 오렌지 덕분에 가능했다?

두 세계가 만나는 장면이다. 화면 왼쪽에는 인도 복장을 한 남성들이 앉거나 서 있고 오른쪽에는 백인 남성들이 서 있다. 눈길을 끄는 것은

---

1    15세기부터 17세기까지 유럽의 배들이 세계 곳곳의 바다를 누비며 대륙과 대륙을 연결하는 뱃길을 개척하고, 아시아, 아프리카, 아메리카 등을 탐험하며 무역을 했던 시기를 말한다. 이 시대에는 범선을 통해 동서양이 도자기와 향료, 농산물이나 광물 같은 다양한 상품을 사고팔 수 있었다.

그림 24.
............
벨로소 살가도, 「힌두 통치자 자모린 앞에 서 있는 바스쿠 다 가마」, 1898년.

가운데에 서 있는 남성이다. 포르투갈식 옷을 입은 채로 손을 치켜들고 열심히 연설하고 있다. 그가 설득하는 대상은 상석에 앉아 있는 통치자인데 그는 심드렁한 표정이다. 한 손으로 턱을 괴고 다른 손은 지팡이를 짚은 채 의심스러운 눈초리로 연설하는 자를 지켜보는 중이다.

열정적으로 연설하는 이 사내는 세계사에 길이 남을 대탐험을 성공시킨 인물, 바스쿠 다 가마다. 포르투갈의 항해가이자 탐험가로, 유럽에서 최초로 대서양을 횡단해 풍요의 땅 인도에 도착한 인물이다.

1492년 이미 스페인 왕실의 도움을 받아 먼길을 떠난 콜럼버스는 결국 인도에 도착하지 못했다. 6년 후 대서양을 통해 황금의 땅이라 소문난 인도에 도착한 것은 다 가마의 함대였다.

콜럼버스와 달리 다 가마는 포르투갈의 지원을 받았다. 일찍이 포르투갈에는 항해가이자 탐험가로 이름을 날렸던 엔히크 왕자가 등장해 아프리카 이남의 도시 세우타(지금의 모로코)를 정복하고, 아프리카 서해안을 따라 남하한 적이 있었다. 아프리카대륙의 서쪽 끝에 위치한 베르데곶을 발견하며 바다로 뻗어나가기도 했다.

엔히크 왕자의 손자 주앙 2세 역시 아시아로 가는 새로운 바닷길을 개척하고 싶어했다. 당시에는 아라비아 상인들이 인도를 비롯한 아시아 국가들과의 무역을 독점하고 있었다. 이에 포르투갈도 함대를 인도로 파견하려는 계획을 세웠다. 원래 이 원정대는 다 가마의 아버지에게 맡겨졌지만 그가 사망하면서 아들이 함대를 지휘하게 된 것이다.

1497년 7월 8일 배 네 척에 나누어 탄 선원 168명이 포르투갈의 리스본을 출발했다. 풍부한 자원이 숨겨져 있다는 인도 땅을 밟는, 새로운 길을 찾는 것이 목표였다. 당시의 인도는 유럽보다 훨씬 풍요로운 세계였다. 향신료뿐 아니라 갖가지 수공업 명품을 만들었다. 특히 아라비아해에 접해 있는 항구도시 캘리컷에서 만들어진 무명천이 고급 상품으로 통했다. 이 순백의 섬유는 캘리코calico라는 이름이 붙어 유럽인들의 사랑을 받았다. 훗날 이 캘리코에 자극받아 영국에서는 면직물 산업이 번성하기도 한다.

다 가마는 기존의 지중해가 아니라 새로운 길을 찾았다. 아프리카 남쪽 끝, 희망봉을 돌아 처음으로 아프리카 동쪽 해안에 이를 수 있었다. 배를 끌고 적도 이남을 간다는 것 자체가 새로운 도전이었다. 당시의

대항해를 도운 과일

사람들은 주로 하늘에 빛나는 별, 북극성을 보면서 뱃길을 찾았는데 적도 이남에서는 북극성이 보이지 않았기 때문이다.

그러나 다 가마에게는 유대인 랍비이자 천문학자인 아브라함 자쿠토가 만든 천측력[2]이라는 위도계산기가 있었다. 덕분에 다 가마의 탐험대는 비교적 순조롭게 아프리카의 남쪽 끝, 희망봉에 도달했다. 다 가마는 이곳에서 인도 남서 해안에 있는 캘리컷까지 뱃길을 안내할 아랍 선원 한 명을 고용했다. 좋은 선택이었다. 다 가마는 계절풍[3]을 타고 인도양을 건넜다.

그런데 이때부터 예상치 못한 문제가 생겼다. 5개월 넘게 항해를 이어간 시점에서 갑자기 선원들이 쓰러졌다. 여러 명이 비슷한 증상을 보였다. 손발이 붓고 잇몸이 부어올라 음식을 먹지 못하다가 결국 사망했다.

나중에야 밝혀진 사실이지만 괴혈병 때문이었다. 비타민 C의 부족으로 체내의 각 기관에서 출혈 장애가 발생하는 질병이다. 그런데 이 병은 증세가 즉각 나타나지 않는다. 비타민 C 결핍 상태가 6주 정도 지나면 발병한다. 다리를 비롯한 신체 여러 부위가 붓고 이런 증상이 심각해진다. 염증과 출혈로 이가 빠지고 치아와 상처 부위의 피가 썩어서 악취가 나고, 고열로 심한 갈증과 경련에 시달리다 수많은 선원이 사망

---

2　큰 바다를 항해하는 선박이 천체를 관측해 배의 위치를 구하는 데 필요한 태양·달·행성과 항성의 위치, 일출·일몰 및 월출·월몰 시각이 수록된 책.

3　계절에 따라 겨울과 여름에 풍향이 정반대로 바뀌는 바람. 몬순Monsoon이라고도 부른다. 똑같은 열을 받더라도 여름에는 육지가 바다보다 더 뜨겁게 달구어진다. 뜨거워진 육지 공기는 상승하고 상대적으로 온도 상승이 덜한 바다 공기는 하강한다. 그래서 고기압인 바다에서 저기압인 육지로 공기가 이동하며 바람이 바다에서 육지로 분다. 겨울에는 기압 배치가 바뀌어 바람이 육지에서 바다로 불게 된다.

그림 25.
⋯⋯⋯⋯⋯⋯
작자 미상,
「바스쿠 다 가마의 초상」,
1550년경.

그림 26.
⋯⋯⋯⋯⋯⋯
바스쿠 다 가마의 항해 경로.

에 이르렀다. 수개월이나 항해를 지속하던 선원들이 이 병에 시달린 것은 당연한 일이었다. 당시에는 연안 근처의 바닷길을 오고가는, 길어야 한 달 정도의 항해를 했기 때문이다.

이 병의 치료에는 비타민 C의 공급이 필수였다. 그러나 당시에는 질병의 정체조차 알 수 없었고 설령 알았다 해도 병을 예방하기란 어려웠을 것이다. 지금이야 신선한 식료품을 저장할 수 있는 냉장 기술이 발달해 과일이나 고기를 배에 싣고 다니지만 당시에는 불가능한 일이었다. 주식으로 배에 실었던 버터와 치즈, 빵은 금세 상했다. 오래 두고 먹을 수 있는 음식이라야 건빵이나 소금에 절인 음식 정도였다. 이렇게 열악한 환경에서 선원들은 비타민 C가 듬뿍 들어 있는 신선한 채소나 과일을 먹을 엄두도 내지 못했다. 다 가마의 선원뿐 아니라 이후 이어진 대항해 시대 동안 수많은 모험가와 선원들이 괴혈병에 시달리며 죽어갔다. 해적보다 강력하고 무서운, 보이지 않는 적이었다.

탐험대를 이끌던 다 가마 역시 처음 경험하는 일이었다. 그의 항해일지에는 "수많은 선원이 배 안에서 병에 걸려 손발이 붓고 잇몸이 부어올라 음식을 먹을 수 없었다"라고 적혀 있다. 다 가마는 선실 안의 나쁜 공기가 원인이라 생각해서 선원들에게 갑판 위에서 깨끗한 공기를 마시도록 조치했다. 그러나 별다른 효과가 없었다.

그렇게 힘든 항해를 한 끝에 다 가마 함대는 아프리카 동쪽의 모잠비크에 도착했다. 이곳에 마침 노란색 오렌지가 달린 나무들이 있었다. 선원들은 신선한 오렌지를 따서 배불리 먹었다. 신기하게도 오랫동안 선원들을 괴롭히던 잇몸과 손발의 부기가 빠졌다. 다 가마는 항해일지에 "도시의 공기가 무척 좋아서 모든 환자가 건강을 회복했다"라고 적었다. 선원들을 괴롭히던 원인 모를 질병이 공기 때문이라 생각했던 것이다.

드디어 원정대가 1498년 5월 20일, 리스본을 떠난 지 10개월이 지난 후에야 캘리컷에 도착했다. 인도양에 있는 항구 도시 중에서도 무역으로 큰 번영을 누리던 도시였다. 앞서 그림에서 보았듯 다 가마는 캘리컷의 힌두 통치자 자모린을 만나서 무역을 청했다. 그러나 다 가마가 가져간 예물도 상품도 인도인들의 흥미를 끌지 못했고 일행은 현지인들에게 푸대접을 받았다. 더구나 캘리컷은 이미 이슬람 상인들이 상권을 잡고 있는 도시였다. 이슬람 상인들이 계속 방해해 다 가마는 통상조약을 체결하지 못했다. 도리어 이슬람인들과 분쟁이 일어나 8월 29일 서둘러 캘리컷을 떠나야 했다.

비록 통상조약 체결에는 실패했지만 다 가마는 향신료와 캘리코 등 귀중한 물품을 가득 싣고 귀국길에 올랐다. 아프리카에서 인도로 향할 때는 계절풍이 불어 23일 만에 도착할 수 있었으나, 귀국할 때는 바람이 맞지 않아 문제가 생겼다. 계절풍이 조금도 불지 않거나 사납게 휘몰아치는 날이 계속 이어져 총 132일이나 걸렸다. 거의 넉 달이 걸려서야 다 가마 함대는 아프리카 해안까지 돌아왔다. 그새 다시 이름 모를 질병이 찾아와 선원들을 괴롭혔고 그중 절반 이상이 목숨을 잃었다. 일부는 운이 좋았다. 중간에 구원의 과일을 구할 수 있었기 때문이다. 1499년 1월, 케냐의 항구에 도착해 오렌지를 먹은 덕분에 몇 사람이 다행히도 건강을 회복했다. 이들은 오늘날처럼 비타민 C가 부족해 괴혈병의 저주가 내렸다는 사실은 정확히 알지 못했다. 그렇지만 오렌지나 레몬주스 등이 효과가 있다는 것을 경험으로 알았고, 덕분에 생존할 수 있었다. 다 가마는 총 세 척을 이끌고 출발했지만 배 한 척을 버리고 두 척만으로 다시 귀국길에 나설 수 있었다.

이 마지막 고비에서 살아남은 선원들은 7개월 후인 1499년 8월, 포르투갈의 리스본항으로 돌아갔다. 총 168명의 선원들이 출발했지만 돌아갔을 때는 고작 50명 남짓한 인원이 남아 있었다.

중간에 많은 선원을 잃었고 통상조약도 체결하지 못한 다 가마는 처음 이 항해를 실패라 생각했다. 그렇지만 배에 싣고 온 향료 같은, 동방의 희귀한 산물이 유럽인들에게 인기를 끌었다. 덕분에 60배가 넘는 엄청난 이윤을 챙기며 다 가마의 항해는 성공으로 기록되었다.

이후 다 가마는 한번 더 인도로 가는데, 이때는 탐험이나 통상 같은 온건한 목적은 버린 채였다. 그는 총칼로 무장한 병사들을 실은 배 스무 척을 이끌고 인도로 갔다. 이슬람 상선을 불태우고 재물을 빼앗았으며 해적질을 일삼았다. 캘리컷의 통치자 자모린은 다 가마의 노략질에 대항해 이슬람과 연합해 맞섰으나 패배했고 통치권을 내주어야 했다.

이때부터 포르투갈은 인도와의 무역을 독점하게 되었다. 유럽과 동양의 해상 교역 중심지도 지중해에서 대서양으로 바뀌었다. 이탈리아는 '지는 해'가 되었고 포르투갈과 스페인 같은 대서양을 낀 국가가 바다를 제패하게 된 것이다. 포르투갈 수도 리스본은 이탈리아의 도시국가들을 제치고 동양 교역의 중심지가 되어 계피, 육두구, 페르시아 양탄자, 아라비아의 말 등을 파는 국제 항구도시가 되었다.

다 가마의 항해는 동서양의 새로운 바닷길을 열었다는 점에서 커다란 의미를 지닌다. 더불어 동서양 무역의 중심을 대서양으로 옮겨놓으며 국가 간 힘의 질서에도 큰 변화를 불러왔다. 그러나 콜럼버스의 신대륙 발견과 마찬가지로 유럽이 다른 대륙을 식민 지배하고 착취하는 출발점이 된 일이기도 했다.

## 장거리 항해를 가능하게 해준 과일의 힘

다 가마의 항해 이후 포르투갈뿐 아니라 스페인, 영국, 네덜란드 등의 유럽 각국 선원들이 동양이나 신대륙으로 나아갔다. 유럽의 탐험가들은 수많은 대륙을 정복했으나 괴혈병 정복에는 성공하지 못했다. 이들에게는 늘 괴혈병의 공포가 함께했다. 수많은 선원들이 원인 모를 염증과 출혈에 시달리다 숨졌다.

18세기 후반, 괴혈병이 초래한 비극을 끝내는 인물이 등장했다. 제임스 린드라는 영국 해군 군의관이었다. 1700년대, 영국은 막강한 해군력을 바탕으로 대영제국의 힘을 사방에 떨치고 있었다. 그런데 커다란 문제가 있었다. 오랜 시간을 배 위에서 보내는 병사들이 괴혈병으로 목숨을 잃은 것이다. 전투에서 죽는 병사보다 괴혈병으로 숨지는 병사가 더 많았다. 특히 1746년과 1747년 괴혈병이 급증해서 영국 해군은 치료법 찾기에 나섰다.

린드는 1747년 역사적인 괴혈병 임상실험을 실시한다. 환자 열두 명을 두 명씩 한 조로 묶은 다음, 서로 다른 음식들을 섭취하도록 했다. 놀랍게도 하루에 오렌지 두 개와 레몬 하나를 받아 섭취한 환자들만 괴

그림 27.
제임스 린드가 괴혈병을 치료하기 위해 환자에게 오렌지를 먹이는 모습.

혈병에서 벗어났다. 이 실험 덕분에 오렌지, 사과, 레몬 등을 사용하여 실험과 연구를 거듭한 끝에 괴혈병 치료법을 개발했다. 린드의 괴혈병 치료제란 다름 아닌 비타민 C가 다량 함유된 과일과 채소 위주의 식단이었다.

자리를 털고 일어난 환자의 모습을 본 린드는 이 사실을 영국 해군에 보고했다. 6년 후인 1753년에는 「괴혈병에 관한 논문」을 발표해 자신의 연구 성과를 알렸다. 그러나 안타깝게도 주류 의학계는 린드의 보고와 저서를 무시했다. 수많은 약으로 치료하지 못한 무시무시한 괴혈병을, 오렌지와 레몬 같은 과일로 물리칠 수 있다는 사실을 받아들이지 않았다. 결국 치료법을 알아냈음에도 숱한 영국 해군 병사들이 괴혈병으로 숨졌다.

린드의 발표 이후 한참이 지난 1781년, 길버트 블레인이라는 영국 해군 군의관이 "괴혈병은 채소와 과일, 특히 오렌지나 레몬, 라임 같은 과일들로 확실히 예방, 완치할 수 있다"는 주장을 다시 꺼내 들었다. 오랜 기간 묻혀 있던 린드의 괴혈병 치료법은 블레인을 만나 비로소 빛을 볼 수 있었다. 이후 1795년에 이르러서야 영국 해군 병사들에게 레몬주스가 공급되면서 괴혈병을 예방할 수 있었다. 괴혈병을 정복하면서 영국 해군은 장거리 항해를 무리 없이 할 수 있게 되었다. 19세기 '해가 지지 않는 나라'를 만든 영국이 해상 주도권을 거머쥐게 되는 데에도 괴혈병 정복이 큰 역할을 한 것이다.

레몬은 겉과 속이 다르다. 특유의 질감 때문에 화가의 묘사 솜씨를 보여주는 소재였으며, 고급 과일이지만 신맛이 강하고 쓰기도 해서 겉과 속의 불일치로 유명했다. 이 때문에 서양인들은 '겉모습은 아름다우나 속은 실망스러운 사물'을 비유할 때 레몬을 언급한다.

레몬에 대한 비유를 다 가마를 비롯한 대항해 시대에 적용해볼 수 있지 않을까. 겉보기에는 장엄하고 멋지지만 실제로는 씁쓸하고 시큼한 사건들로 점철된. 새로운 뱃길을 찾아내고 신대륙의 땅을 밟는 것은 서양 역사에서 자랑스러운 장면으로 남아 있다. 하지만 고단한 과정을 거쳐야 했으며 많은 선원이 목숨을 잃었다.

과정뿐 아니라 결과도 마찬가지였다. 다가마가 열었던 대항해 시대는 유럽이 중심이 되는 세계사 시대를 열었다. 긍정적이든 부정적이든

대항해를 도운 과일

동서양이 얽혀 하나의 무대에 서는 새 역사가 열린 것이다. 린드의 괴혈병 정복 역시 영국 해군의 장거리 항해를 도와 '대영제국'의 영광을 빛내는 데 큰 역할을 했다. 그러나 아시아나 아메리카, 아프리카의 입장에서 생각해보자. 이때부터 서양의 식민지로 오랫동안 인력과 자원을 수탈당하는 처지로 전락하지 않았던가. 겉보기에는 모험과 탐험의 대서사시였으나, 내면을 들여다보면 쓸쓸하기 짝이 없는 착취의 시작이었다.

# 5

## 네덜란드의 황금기를
## 이끌어낸 생선

청어와 네덜란드의 성장

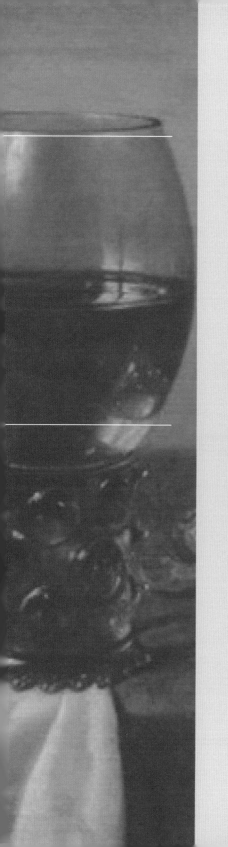

그림 28.

피터르 글라츠,
「뚜껑이 있는 병, 유리잔,
청어가 있는 정물화」,
1642년.

정갈한 식탁에 빵과 유리잔, 칼이 놓여 있다. 부서진 빵, 식탁 위에 널브러진 빵 부스러기까지 섬세한 솜씨로 묘사해낸 화가의 실력이 빛난다. 그러나 식탁 한가운데를 차지하고 있는 건 빵이나 고급 유리잔이 아니다. 생선 한 마리다. 머리가 잘린 생선이 은빛 그릇에 덩그러니 놓여 있다. 생선은 당시 화가들에게 흥미로운 소재였다. 섬세하게 표현된 생선 비늘은, 뛰어난 묘사 실력을 넌지시 알려주는 소재 중 하나였다.

이 생선의 정체는 뭘까. 청어다. 차가운 바다에서 주로 서식하는 몸 푸른 생선이다. 서양 정물화에 종종 등장하는 이 생선은 그만큼 사랑받는 어류였다. 맛이 달고 기름져서 고대 이래 바다를 누비며 생활하던 북유럽의 바이킹에게 인기 있는 식량 중 하나였다. 그러나 살코기에 기름기가 많고 어획 시기인 늦여름이나 가을의 산란기에는 더더욱 기름져서 매우 빠르게 부패했다. 냉장 기술이 발달하지 않았던 시절에는 보관하기도 어려웠다. 그러나 소금과 식초에 절여놓으면 비교적 오랫동안 먹을 수 있어 중세부터 큰 인기를 끌었다.

사순절에는 육식을 절제하는 관행이 있어 청어의 인기가 높아지기도 했다. 중세 유럽의 기독교 사회에서는 육류를 '뜨거운 고기'라 생각했고 인간이 이것을 섭취하기 때문에 죄를 짓는다고 여겼다. 그래서 육식을 하지 않는 원칙이 있었다. 하지만 단백질은 소량이라도 섭취를 해야 했다. 이때 고기의 대안으로 선택한 것이 생선이었다. 생선은 '차가운 고기'라 하여 육류와 달리 죄를 저지르지 않게 한다고 믿었기 때문이다. 이후 단식일은 '고기를 먹지 않는 날'에서 '생선을 적극적으로 먹는 날'인 '피시 데이fish day'로 바뀌었다. 이때 가장 큰 인기를 끌었던 음식이 절임청어였다.

단식일에 사랑받던 청어가 지금도 국민 음식 대접을 받는 나라가 있다. 네덜란드다. 네덜란드에서는 청어의 배를 반으로 갈라 내장을 제거한 뒤 소금에 절여 먹거나 샌드위치 속에 넣어 먹는데 이 전통 음식을 하링haring이라 부른다. 단순히 사랑받는 음식이라는 점 외에도 청어가 네덜란드에서 특별한 대접을 받는 데는 이유가 더 있다. 청어를 잡으면서, 그리고 절임청어를 유럽 각지에 수출하면서 네덜란드라는 나라가 성장했기 때문이다. 심지어 17세기에 세계 상업과 금융의 중심지였던 수도 암스테르담을 두고 '청어 뼈 위에 세워진 도시'라고 했을 정도다. 생선이 도시의 성장 기반이 되었다는 이야기가 사뭇 의미심장하게 다가온다. 도시의 성장과 청어는 어떤 관계가 있을까.

## 절임청어를 네덜란드의 국민 음식으로 만들어준 사내

한 남자가 바닷가에 앉아 있다. 오른손으로는 작은 칼을 왼손으로는 청어를 들고 있다. 주변에 어망과 바구니가 놓여 있는 걸로 보아 바다 일을 하는 인물로 보인다. 굳게 다문 입과 똑바로 앞을 바라보는 눈빛, 청어를 움켜쥔 손이 위풍당당한 자태를 드러낸다.

그림의 주인공은 14세기 사람으로 빌럼 뵈켈스존이라는 네덜란드 어민이다. 평범한 어부인 그가 어떻게 그림의 주인공이 된 것일까? 이유는 청어 손질법과 관련이 깊다. 뵈켈스존이 청어 손질을 위한 작은 칼을 개발했기 때문이다. 그런데 이 작은 발명이 역사에 이름을 남길

그림 29.
...........
빌럼 뵈켈스존.

만큼 중요한 일일까?

오랫동안 유럽인에게 사랑받던 청어는 원래 스칸디나비아와 발트해에서 주로 잡히던 물고기였다. 그런데 1300년경부터 지구에 소빙기小氷期가 닥쳤다. 전 지구의 기후가 한랭해졌고 바다의 기온이 내려가면서 청어 서식지가 스칸디나비아와 발트해에서 저위도 지역 쪽으로 내려왔다. 네덜란드 앞바다로 청어가 몰려들게 된 것이다.

네덜란드인에게는 희소식이었다. 그들 나라는 지대가 낮아 늪지가 많았으니 당연히 유럽의 다른 나라에 비해 농사나 목축이 어려웠다. 생업이 어려운 나라에서 청어잡이는 금광의 발견처럼 경제적으로 큰 도움이 될 만한 사건이었다.

그러나 청어는 쉽게 부패하는 생선이라 어부들은 조업중에도 급히 배를 돌려 돌아오곤 했다. 배를 끌고 조금만 멀리 가면 청어잡이로 번 돈보다 기름값이 더 많이 들 정도로 큰 문제였다. 이를 해결한 사람이 바로 뵈켈스존이다. 어부들은 청어를 잡자마자 뵈켈스존이 개발한 작은 칼로 배를 갈라 내장을 꺼낸 다음 머리를 없애 소금에 절여 통에 담아 보관할 수 있게 되었다. 특히 청어를 염장할 때 췌장과 유문수라는 기관을 남겨둔 채 절이면 신선도가 훨씬 더 오래 유지되며 맛도 좋다는 사실 역시 알아냈다.

물론 뵈켈스존의 방법이 완전히 새롭거나 획기적인 것은 아니었다. 스칸디나비아와 플랑드르에서도 비슷한 기술이 발견되었기 때문이다. 그러나 이처럼 사소한 변화가 파급력이 큰 나비효과를 불러일으켰다. 절임청어를 생산하는 방식이 효율적으로 바뀐 것이다. 이전까지는 덴마크나 스칸디나비아에서 청어를 잡아 육지까지 가져온 다음 염장을 해서 포장했으나 이제는 배 안에서 청어를 빠르게 손질한 다음 염장 처리까지 할 수 있게 되었다. 네덜란드인은 청어를 잡는 동시에 넓은 갑판에서 청어 내장을 모두 훑어내고 소금으로 염장하는 효율적인 방법을 찾아냈다. 더이상 청어를 근처 바다에서만 잡을 필요도 없게 되었다. 이제 먼바다에 나가서 절임청어를 바로 생산할 수 있게 된 것이다.

덕분에 절임청어의 공급이 늘었다. 여기에 소금물만 갈아주면 길게는 2년 동안이나 먹을 수 있는 상태로 보관할 수 있게 됐다. 냉장고가 없던 시절이니 그야말로 획기적인 효과였다. 이처럼 장거리 교역과 보관이 가능해지면서 네덜란드 청어의 인기가 치솟기 시작했다.

## 소금이 절임청어에 가져온 변화

네덜란드 청어가 인기를 얻은 배경에는 또다른 이유가 있었다. 청어 절임에 쓰는 귀한 소금을 저렴하게 얻는 방법을 찾은 것이다.

'귀한 소금'이라는 말은 21세기를 사는 우리에게는 생경하게 들릴 수 있다. 천일염 말고도 화학 기술로 꽃소금, 맛소금, 정제염에 이르기까지 다양한 소금을 얻을 수 있기 때문이다. 그러나 당시 소금은 백색금으로 불릴 만큼 귀했다. 소금 호수나 바위 바다를 찾아야 구할 수 있었기 때문이다. 인간의 몸에는 나트륨이 필요하니 소금은 필수 식재료다. 음식의 맛을 더할 때도 소금이 필요했다. 이처럼 수요는 무궁무진한데 공급이 극히 적으니 오랫동안 소금이 나오는 호수와 소금 바위가 있는 곳은 교역과 무역 거래의 주요 장소가 되었다. 자연스럽게 다양한 민족과 인종이 모여들었고 이런 지역에서 주요한 문명이 발달했다.

유럽에서도 소금을 구할 수 있는 장소와 인근 지역이 교역 중심지가 되었다. 원래 네덜란드 청어가 인기를 얻기 전, 소금을 공급하던 주요한 지역은 독일 북부의 뤼넨베르크라는 도시였다. 이곳에는 소금이 가득한 암염 광산이 있었고 여기서 만들어진 소금은 북부 독일 전체에 공급하고도 남을 정도로 풍부했다.

덕분에 소금 생산지인 뤼넨베르크와 가까운 뤼벡, 브레멘, 함부르크, 쾰른 등의 도시와 발트해 연안 도시가 이득을 봤다. 특히 발달한 항구 도시는 배를 타고 와서 소금을 거래하는 상인들로 북적였다. 무역과 교역이 활발해지며 이들 도시는 힘을 얻었다. 경제력이 커질수록 이 지역 상인들은 힘을 한데 모을 필요가 있다고 생각했다. 해적을 만나거나 무

 안에 다음 텍스트가 포함됨:

북해
• 네덜란드 어부들은 뷔스를 타고 이곳에서 청어를 잡아 즉시 염장하여 수출

스코네
• 12세기까지 염장 청어의 중심지

소금의 이동

뤼벡
• 12세기 소금무역으로 번성
• 한자동맹의 중심지

홀란트와 제일란트
• 15세기 청어 무역 중심지

뤼네부르크
• 주요 소금 공급처

그림 30.
청어 염장 기술에 따른 중심지 변화를 나타낸 지도.

역에 관련된 권리에 군주가 간섭을 할 경우 공동 대응해야 했기 때문이다. 그래서 상인 중심의 경제 공동체인 한자동맹을 만들었다.

한자동맹Hanseatic League의 한스hans는 '연결하다'라는 뜻이다. 독일을 중심으로 스웨덴과 덴마크, 지금의 러시아 지역에 퍼져 있던 상업도시가 모여 만든 경제 공동체가 한자동맹이다. 적을 때는 55개, 많을 때는 83개 대도시가 연합해 해적을 물리치고 무역과 관련한 각종 권리를 따내 경제적으로 유리한 위치를 차지했다.

한자동맹이 가진 강력한 힘의 밑바탕에는 두말할 것 없이 소금이 있었다. 특히 한자동맹 상인들은 뤼네부르크에서 생산된 소금을 스웨덴 남부 스코네로 옮겨 청어를 절인 다음, 유럽 각 지역에 수출하며 부를

네덜란드의 황금기를 이끌어낸 생선

쌓았다. 절임청어가 서민들의 식탁에 오를 정도로 대중적인 음식이 될수록 동맹 도시의 힘은 더욱 커졌다.

그러나 14~15세기가 되면서 절임청어 생산에도 변화가 나타났다. 북해에서 잡아올린 청어의 인기가 높아졌다. 지금의 네덜란드에 해당하는 홀란트와 제일란트에서 청어 무역을 주도했다.

당시 네덜란드인들은 스페인 북부에서 생산되는 천일염을 수입하기 시작한다. 뤼넨베르크의 소금에 비해 품질도 좋고 가격도 저렴했다. 생산 비용인 소금값이 낮아지니 절임청어의 가격도 덩달아 저렴해졌다. 더구나 앞서 말했듯 네덜란드인들은 청어를 손질하고 절이는 과정을 배에서 모두 마칠 수 있었다. 한자동맹보다 생산시간과 비용을 줄여 부담 없는 가격으로 각국에 절임청어를 수출할 수 있었다.

유럽 소비자들은 한자동맹에서 생산된 절임청어보다 북해에서 잡아올려 바로 염장한 네덜란드산 절임청어를 찾기 시작했다. 유럽 각지에서 몰려온 상인 수백 명이 네덜란드에서 매일 아침 소금에 절인 청어를 사들여 유럽 곳곳에 팔았다.

절임청어의 생산과 무역은 점차 네덜란드를 이끄는 거대한 산업이 되었다. 네덜란드인들은 청어를 절이고 남는 소금을 이웃 나라에 싼 값에 되팔면서 소금 유통까지 장악했다. 자원이 빈약하고 농업 생산 조건도 좋지 않은 나라였으나 청어 산업을 통해 새로운 무역의 활로를 찾았던 것이다.

## 청어잡이 배가 떠 있는 잔잔한 풍경

구름 사이로 아침볕이 희미하게 보이고, 환한 햇살이 지붕과 교회의 첨탑을 비추고 있다. 잔잔한 수면에는 배와 건물의 그림자가 투영되어 있다. 하늘이나 강물에 비친 건물 모습을 볼 때 시간대는 아침인 듯하다. 교회 첨탑에 자그마하게 보이는 시곗바늘도 아침 7시가 막 지난 시각을 가리키고 있다.

잔잔하고 신비로운 풍경을 그려낸 이 화가는 요하네스 페르메이르 Johannes Vermeer, 1632~75다. 페르메이르는 주로 실내 초상화를 그려 인기를 끌었던 17세기 네덜란드의 화가다. 특히 「진주 귀고리를 한 소녀」로

그림 31.
요하네스 페르메이르, 「델프트 풍경」, 1660~61년경.

네덜란드의 황금기를 이끌어낸 생선

유명한데, 그의 작은 화폭 안에서 사람들은 우유를 따르거나 저울에 무언가를 재거나, 편지를 쓰고 있다. 일상의 정경을 남겼음에도 평화롭고 신비한 분위기를 풍긴다. 이 그림 「델프트 풍경」도 비슷한 분위기를 자아낸다. 델프트는 화가가 살던 도시이자 16~17세기 네덜란드의 중심 도시였다. 도시 한가운데에는 '스히'라는 강이 흐른다. 페르메이르는 강변에 자리잡은 주택과 교회를 세밀하게 묘사했다.

화면으로 돌아가보자. 선착장에는 아직 떠나지 않은 배 몇 척이 고요히 떠 있다. 특히 가장 오른쪽에 있는 배 두 척이 눈에 띈다. 배에 돛은 없지만 그물이 걸려 있는 것으로 보아 출항을 준비하는 듯한데, 이 배가 바로 청어잡이에 특화된 뷔스buss라는 배다. 뷔스는 〈그림 32〉와 같이 배 양옆이 통통하고 둥근 것이 특징이다. 갑판도 넓지 않다.

이 청어잡이 배는 1416년 네덜란드에서 처음으로 등장했다. 고기잡이를 하면서 화물을 더 많이 싣고 청어 손질까지 마치려면 넓은 공간이 필요했다. 그래서 네덜란드인들은 고기를 잡고 염장까지 할 수 있도록 배를 개량했다. 돛대 세 개를 달았고, 배에 실을 수 있는 화물의 양을 거의 100톤으로 늘렸다. 뿐만 아니라 염장 기술자와, 청어를 담는 통 제조 기술자도 탈 수 있도록 배를 개조했다. 덕분에 철저한 분업이 가능해졌고 더 많은 청어를 소금에 절여 주변 국가에 팔 수 있게 되었다.

뷔스는 청어가 이동하는 길을 따라 스코틀랜드, 잉글랜드, 북해까지 종횡무진하며 고기잡이를 했다. 14세기 북해에 고기잡이를 나간 네덜란드 어선 1500여 척에서 1만 명 이상의 어부가 30만 통이 넘는 청어를 잡고 팔았다고 한다. 소금의 공급과 청어잡이 배의 개량에 힘입어 네덜란

그림 32.
..........
네덜란드의 청어잡이 배
뷔스의 모습.

드에서 청어를 잡는 일은 국가 경제의 근간이 되어간다.

청어잡이 배의 개량과 발달은 새로운 산업의 발전으로 이어졌다. 뷔스는 일반 어선보다 거대하고 비싼 배였다. 가난한 어부들은 살 수 없었기에 청어 상인들이 배를 구입하고, 이를 어부들이 이용하는 방식이 자리잡았다. 어부들은 점차 청어잡이 수익을 나누어 가지거나 정해진 임금을 받고 일하게 되었다. 이때부터 청어잡이는 생산수단인 뷔스를 마련하는 자본가, 노동력을 제공하는 어부와 염장 기술자로 구성된 산업이 되었다. 덕분에 네덜란드의 청어잡이는 더욱 번성했다. 네덜란드의 GDP에서 청어잡이가 차지하는 비중이 16세기 초에는 8.9퍼센트에 이를 정도였다.

네덜란드는 원양어선이 더 효과적으로 항해할 수 있도록 회사를 세웠다. 장거리 항해 무역선에 투자하면 큰 수익을 올릴 수도 있지만 위험 부담도 만만치 않았다. 가령 인도로 떠난 배가 후추를 가득 싣고 돌아와 사업이 크게 성공할 수 있지만 중간에 큰 파도나 바람을 만나 난파하면 엄청난 손해를 입게 된다. 이런 상황을 방지하기 위해 유럽 국가들은 주식회사를 만들었다. 사업에 필요한 자본을 나누어 내면 위험 부담이 줄어들기 때문이다. 주식회사를 만들 때는 회사의 소유권을 여러 개로 나눈 다음, 이 소유권을 나타내는 쪽지인 주식을 판매한다. 주식을 소유한 사람은 회사의 주인이 되어 수익을 얻을 수 있다. 먼바다로 나가는 배에 공동 투자해서 이익과 위험을 함께 나누는 것이다.

이와 같은 과정으로 만들어진 대표적인 주식회사가 1602년에 세워진 네덜란드의 동인도회사다. 네덜란드와 패권을 다투던 영국이 1600년 인도에 동인도회사를 세우고 이 회사에 무역 독점권을 부여했다. 이에 자극을 받은 네덜란드는 새로운 방식으로 동인도회사를 세운다. 모르는 사람들끼리 회사 지분과 수익을 나누어 가질 수 있는 형태의 기업이었다. 나라에서 적극적으로 주주를 모집한 덕분에 돈 많은 귀족이나 상공업에 종사하는 시민뿐 아니라 직공이나 하녀 같은 서민들도 주주가 될 수 있었다. 초기에는 투자금이 부족하면 기업을 공개해 주주를 모집했다. 이렇게 주식을 사고파는 일이 활발해지니, 아예 주식거래를 하는 장소가 필요해졌다. 그래서 1608년 암스테르담에서 세계 최초의 증권거래소가 문을 열게 된다.

청어잡이가 발달해 네덜란드는 해양 강자로 우뚝 설 수 있게 되었다. 자연히 조선업과 금융업도 발달했다. 그러나 금융 발달은 새로운 위험도 가져왔다. 고객들이 예금한 돈으로 해외 사업에 투자했다가 부도를 맞는 은행들이 있었다. 이런 사태가 이어지면 네덜란드 경제에 큰 문제를 일으킬 수 있었다. 마침 네덜란드는 스페인과 독립전쟁을 벌이는 중이었기에 나라 살림이 팍팍해 전쟁 비용이 부족하면 큰일이었다. 암스테르담시의회는 이를 막기 위해 1609년, 공공성을 띤 암스테르담 은행을 만든다. 민간에서 운영하는 은행은 고객의 예금을 암스테르담 은행에 맡겨야 했다. 어음[1] 결제도 예금 한도 내에서 가능해졌다. '은행의 은행'이 탄생한 것이다. 은행의 무리한 자금 운용이나 영업을 막기 위한 조치였다. 그 결과 암스테르담에 있는 민간 은행은 무리하지 않는 선에서 투자를 했고, 덕분에 네덜란드 경제는 건실하게 성장할 수 있었다.

뿐만 아니라 계좌를 가진 상인이 금과 은을 예치하면 금은을 주고받지 않고도 다른 거래를 할 수 있도록 은행화폐(오늘날의 수표와 비슷하다)를 찍어냈다. 거래가 편리해지고 도난이나 화재에서 안전한 거래 수단이 생긴 것이다. 암스테르담시 정부가 지급을 보증해서 이런 제도가 빠르게 발전할 수 있었다. 특히 금액이 600길더 이상일 경우 반드시 은행화폐를 통해 거래해야 한다는 규정을 만듦으로써 큰 거래를 하는 상인들은 암스테르담 은행에 계좌를 개설해야 했다. 덕분에 암스테르담 은행은 크게 성장했고 이후 독일 등 유럽 여러 나라의 본보기 은행이 되었으며, 17~18세기 네덜란드 상업 발달의 중심에 서 있었다.[1]

이 암스테르담 은행이 현재 각 나라에서 운영하는 '중앙은행'[2]의 시조다. 암스테르담 은행이 성공하면서 이를 모델로 삼아 스웨덴, 영국

1 국가의 중심이 되는 은행으로 오늘날의 중앙은행은 화폐를 발행하고 금리(이자율)를 조절하며 금융 체제를 안정시키는 등 다양한 역할을 통해 물가를 안정시키고 경제성장을 책임지고 있다.

등 여러 나라에서 공공성을 띤 은행을 만들었기 때문이다.

오늘날 중앙은행은 거의 모든 나라에서 자리잡은 기관이다. 각 나라의 통화 흐름을 피에 비유한다면 수혈과 혈액 흐름을 조절하는 기관이라 할 수 있다. 우리나라에서도 중앙은행인 한국은행이 화폐를 찍어내고 금융정책을 세운다. 미국에는 연방준비제도가 있어 세계경제를 좌우하는 정책을 결정한다. 중앙은행은 경제의 혈액과 같은 돈을 찍어내고 시중에 돌아다니는 화폐의 양을 조절한다. 또 민간 은행이 어려움에 처했을 때는 도와준다. 중앙은행 시스템은 네덜란드에서 시작되어 유럽 각국으로 퍼졌다. 금융이 안정되면서 정부는 재정을 마련하고 자본가는 수월하게 사업을 할 수 있었다. 유럽 각국의 경제 규모도 커져서 유럽 바깥으로 나갈 수 있게 되었다

청어를 둘러싼 네덜란드의 이야기는 여전히 흥미롭다. 청어잡이와 가공 산업은 국가에 막대한 부를 가져다주었고, 덕분에 네덜란드는 강력한 해군력을 구축하고 식민지를 개척하며 세계 무대에서 중요한 역할을 수행하는 나라가 되었다. 이렇게 보면 청어는 단순한 생선이 아니라 네덜란드라는 국가의 운명, 나아가 자본주의 발달에 큰 영향을 미친 재화였다.

---

2  국가의 중심이 되는 은행으로 오늘날의 중앙은행은 화폐를 발행하고 금리(이자율)를 조절하며 금융 체제를 안정시키는 등 다양한 역할을 통해 물가를 안정시키고 경제성장을 책임지고 있다.

# 6

## 가격 거품의 원조가 된 꽃

튤립 버블과 거품경제

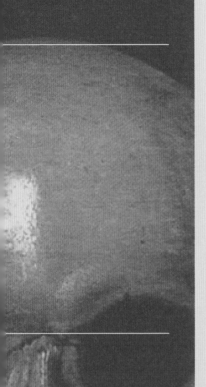

그림 33.
필리프 드 샹파뉴,
「해골이 있는 정물화」,
1646년

단 세 개의 정물이 자리잡은 필리프 드 샹파뉴Phillippe de champaigne, 1602~74의 간결한 정물화다. 어두운 배경의 석재 탁자 위에 해골, 튤립, 모래시계가 하나씩 놓여 있다. 해골은 눈 부위가 텅 비어 있고 사실적으로 표현되어 있다. 화려한 붉은색 바탕에 흰 줄무늬가 새겨진 튤립은 이미 조금씩 시들어가고 있다. 모래시계는 무심히 지나는 삶의 시간을, 해골은 언젠가 다가올 인간의 죽음을 뜻한다. 세 사물은 모두 인간의 유한한 삶을 상징하는 것이다.

그림의 주인공은 화면 중앙에 있는 해골로 보인다. 그러나 왼쪽에 있는 튤립도 해골이나 모래시계와 대조적으로 화려한 무늬가 있어 눈에 띈다. 바니타스화에는 꽃이 자주 등장한다. 꽃이 화려하게 봉오리를 피우지만 언젠가 지듯, 인간의 삶도 언젠가는 죽음이라는 끝을 맞이하기 때문이다.

그림 34.
..............
한스 볼롱기에르,
「꽃이 있는 정물화」,
1639년

그런데 꽃 중에서도 샹파뉴의 그림과 같이 유독 튤립이 등장하는 바니타스화가 많다. 17세기 네덜란드의 무역 중심지로 전성기를 누리던 하를럼에서 꽃 정물 화가로 활동하던 한스 볼롱기에르Hans Bollongier, 1600~75의 1639년 작품에도 튤립이 등장한다. 이 그림을 자세히 살펴보면 화려하게 만개한 튤립도 등장하지만 시들어가는 튤립도 나온다. 빛깔 또한 다채롭다. 우리가 잘 알고 있는 노란색이나 분홍색 같은 단색 튤립뿐 아니라 붉은색 바탕에 화려한 줄무늬가 아로새겨진 튤립도 많다. 네덜란드 정물화에 유독 튤립이 많이 등장하는 이유는 뭘까? 여기에는 나름의 사연이 있다.


## 원숭이들의 튤립 투기 현장, 튤립 마니아

튤립이 등장하는 특별한 그림이 있다. 화면 여기저기에 원숭이가 등장하는 「튤립 마니아」다. 지금 원숭이들은 튤립과 관련된 갖가지 일을 벌이고 있다. 화면 왼쪽에는 튤립이 만발한 화단 근처에서 서류를 들고 있는 원숭이가 보인다. 꼼꼼히 장부와 튤립을 비교하고 확인해보는 중이다. 계단 위 아치 아래에서 기쁨에 가득차 성찬을 즐기는 원숭이들도 보인다. 튤립을 가리키며 다른 원숭이 무리에게 열정적으로 설명을 하는 원숭이도 있다. 튤립과 함께 돈더미를 들고 환호하는 원숭이도 눈에 띈다. 오른쪽에서는 원숭이 두 마리가 금화와 은화를 세고 있다. 환호하며 기쁨에 취한 원숭이가 있는가 하면 좌절하는 원숭이도 보인다. 화면 오른쪽 아래에는 튤립을 땅바닥에 팽개친 채 오줌을 갈기는 원숭이

가격 거품의 원조가 된 꽃

그림 35.
...........
얀 브뤼헐 2세, 「튤립 마니아」, 1640년경.

도 눈에 띄고 포박되어 잡혀가는 원숭이도 보인다. 농부의 화가로 불린 대가 피터르 브뤼헐의 손자 얀 브뤼헐Jan Brueghel, 1568~1625은 왜 원숭이와 튤립, 금화와 은화가 어우러진 한 편의 풍자극을 화폭에 담은 걸까.

원래 튤립은 네덜란드의 꽃이 아니었다. 현재 튀르키예의 전신 오스만제국에서 유럽으로 전해진 꽃이다. 신성로마제국 대사였던 오기에르 부스베크라는 사람이 오스만제국에 파견되었다가 이 꽃을 발견하고 구근을 빈으로 가져갔다. 네덜란드에 소개된 해는 1593년이다. 식물학자인 카롤루스 클루시우스라는 인물이 튤립을 소개했던 것이다. 네덜란드에 전해진 튤립은 특유의 아름다움으로 사람들을 사로잡았다.

당시 네덜란드는 스페인의 지배에서 벗어난 뒤 경제 강국, 금융의 중심지로 힘을 떨치고 있었다. 무역으로 경제력을 쌓은 신흥 부유층은 이국에서 들어온 튤립의 아름다움에 매혹되었다. 너나없이 이 꽃을 관상용으로 사들이기 시작한다.

튤립의 인기가 높아질수록 사람들은 더 특별한 품종을 원했다. 특히 단색보다는 두 가지 이상의 다색 튤립이 더 큰 인기를 끌게 된다. 앞서 본 볼롱기에르의 그림에 나오는 튤립처럼 두 가지 이상의 색깔을 띤 튤립이 있었다. 사실은 튤립 줄무늬 바이러스에 감염된 꽃이다. 이 바이러스에 걸린 튤립은 쉽게 번식하지 못하는 특성이 있었다.

원하는 사람은 많으나 공급이 적으니 줄무늬 튤립의 값은 천정부지로 치솟았다. 튤립은 특징에 따라 '황제'나 '제독', '장군'과 같은 이름까지 붙었다. 특히 '셈페르 아우구스투스'라는 줄무늬 튤립은 가장 높은 인기를 누렸다. 짙은 붉은색과 흰색이 어우러진 이 튤립은 상류층 사이에서 명품의 상징으로 자리잡는다.

명품 튤립이 인기를 끌면서 가격도 치솟기 시작했다. 봉오리를 피운 꽃뿐 아니라 아직 꽃을 피우지 않은 튤립의 알뿌리도 인기가 있었다. 마치 양파처럼 생긴 튤립의 구근을 보면서 사람들은 더더욱 아름다운 꽃을 피우길 원했다. 일종의 투자 수단처럼 꽃을 사는 사람도 있었다. 자신이 사들인 구근이 셈페르 아우구스투스를 피워낼 경우 거액에 판매해 큰 이득을 얻을 수 있었으니까. 관상용 꽃이 인기를 끌더니 급기야 투기 열풍에 휩쓸리게 된다.

당시 네덜란드의 경제 환경도 영향을 미쳤다. 암스테르담은 세계 최초로 주식시장이 생기고 증권거래소가 들어선 도시였다. 여기에서 회사의 주식을 돈으로 바꿀 수 있었다. 덕분에 투자자들의 발길이 이어

가격 거품의 원조가 된 꽃

그림 36.
.............
17세기 암스테르담에 있었던
증권거래소의 모습.

그림 37.
.............
17세기에 그려진
튤립의 모습.

지고 주식 거래가 더욱 활발해졌다. 더 편리한 거래를 위해 새로운 금
융 상품도 등장했다. 그중 하나가 선물거래다. 선물(먼저 선先과 만물 물
物) 거래는 말 그대로, 실물을 직접 주고받지 않고 미래에 형성될 가격
으로 거래하는 것을 말한다. 이 거래에는 장점이 있다. 당장은 실물을
주고받는 번거로운 절차를 거치지 않아도 된다. 더불어 자산 가격 변동
을 잘 예측하면 큰 수익을 얻을 수 있었고 반대로 잘못 예측하면 손실
을 입었다. 현대에도 인기 있는 금융 상품인 선물거래를 네덜란드인들
은 이미 500여 년 전부터 시행하고 있었던 것이다.

튤립의 선물거래도 마찬가지였다. 튤립 알뿌리를 바로 사지 않고 약
속 증서만 주고받은 다음 꽃이 핀 뒤에 거래하면 되었다. 결과적으로
선물거래는 튤립 투기를 부추기고 말았다. 당장 상품을 거래하지 않아

도 되니 사람들이 큰 위험 부담을 느끼지 않고 튤립을 사들인 것이다.

선물거래를 더 활성화하는 옵션 계약이라는 상품도 등장했다. 옵션 계약을 하면 주식을 사들인 사람이 거래를 취소할 수 있는 권리가 생긴다. 선물거래를 하더라도 상품 가격이 떨어져서 투자자의 마음이 변할 경우, 약간의 위약금만 내면 거래를 취소하거나 팔아도 되었다.

1637년 튤립 거래에 옵션 계약이 가능하도록 법과 명령이 바뀌자 사람들은 분주하게 튤립을 사들였다. 튤립 가격이 더 오르리라 판단하면, 실제 튤립을 사고파는 번거로운 과정을 거칠 필요 없이 선물거래를 해도 부담이 없었다. 가격이 낮아지면 벌금을 내고 취소하면 그만이니 말이다. 투자 상품으로 안성맞춤이었다. 오늘날 사람들이 주식이나 부동산 투자에 열을 올리듯 17세기 초반 네덜란드인들은 튤립을 사들였다. 덕분에 1637년 상반기에 명품 튤립의 가격은 네덜란드에서 최고가를 기록했다. 튤립의 알뿌리 하나가 숙련된 장인의 연 소득 10배에 이르는 일도 벌어졌다. 한 달 사이 50배 이상 가격이 오르는 일까지 생겼다.

우스갯소리 같은 일화도 전해진다. 튤립 광풍이 한창이던 시기, 외국에 다녀온 항해사가 어느 상인의 집을 방문했다. 요리를 대접받은 이 항해사는 근처에 있던 양파를 함께 먹었는데, 알고 보니 양파가 아니라 튤립 알뿌리였다. 항해사는 튤립 알뿌리를 먹은 사소한 실수로 고소를 당하고 감옥살이를 했다. 우습지만 씁쓸한 일화로 당시 과열된 분위기를 짐작할 수 있는 이야기다.

가격 거품의 원조가 된 꽃

## 허무한 거품의 끝

튤립 광풍이 불었던 상황처럼, 어떤 자산의 실질 가치보다 시장가격이 너무 높게 형성된 경우, 이를 거품경제라고 부른다. 맥주잔에 거품이 끼는 것을 상상해보면 이해하기 쉽다. 맥주의 양(실질적 가치)은 많지 않은데 거품(버블)이 끼어 양이 많아 보이고 값이 천정부지로 치솟는 것이다. 거품경제가 형성되면 겉으로는 거래가 활발해지고 경제가 활기를 띠는 것처럼 보인다. 하지만 자세히 들여다보면 기업 생산능력이 향상되거나 국가의 부가 늘어난 것은 아님을 알 수 있다.

실질 가치와 거리가 먼 자산의 거품은 언젠가 덧없이 꺼지게 마련이다. 어느 순간부터 사람들은 지나치게 오르는 튤립 가격에 의구심을 품기 시작했다. 가격이 높아진 튤립을 더이상 사줄 사람이 없을 거라는 절망적인 생각도 퍼졌다. 튤립 열풍이 불어닥치던 때처럼 팔아치우는 심리도 순식간에 번져갔다. 하늘 높은 줄 모르고 치솟던 튤립의 가격은

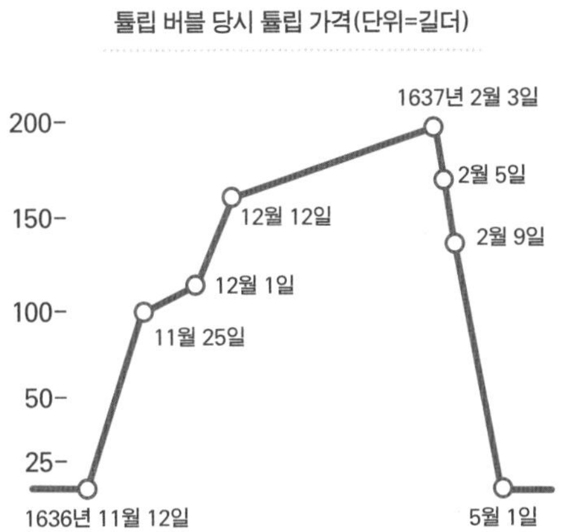

튤립 버블 당시 튤립 가격(단위=길더)

그림 38.
··········
거품이 잔뜩 낀 튤립 가격.

그림 39.
헨드릭 헤리츠 포트, 「바보들을 실은 플로라의 수레」, 1640년.

4개월 만에 99퍼센트가 떨어졌다. 네덜란드 정부는 튤립 가격을 안정시키려 했으나 소용없는 일이었다.

거품이 꺼지면서 튤립을 키우던 사람들은 일손을 놓았다. 땅에서 썩어가는 튤립이 늘었다. 무리하게 투자해 튤립을 샀던 서민들이 가장 큰 피해를 입었다. 뒤늦게 튤립을 사들이며 투기에 동참했다가 큰 손해를 본 사람들도 있었다. 세계 최초의 거품경제라 불린 튤립 버블의 결말이었다.

한바탕 소동 같은 튤립 버블 상황을 풍자한 작품이 더 있다. 〈그림 39〉를 보자. 튤립이 그려진 깃발이 달린 수레에 탄, 튤립을 든 꽃의 여신 플로라가 보인다. 광대 차림을 한 사람들이 수레에 타고 있다. 머리에 튤립을 꽂고 돈주머니를 든 사람들은 흥겨운 듯하지만 한편으로는 우스꽝스러워 보인다. 수레 왼쪽에서는 한 무리의 사람들이 수레를 따르고 있다. 그들의 발아래에 부서지고 널브러져 있는 것은 방직 도구다. 제품을 생산해 돈을 버는 건전한 삶의 방식을 버리고 투기 열풍에 휩쓸리는 사람들의 어리석음을, 그림은 풍자하고 있다.

튤립에 열광했던 17세기 네덜란드인들의 어리석음을 비웃을 수도 있다. 그러나 사실 자본주의 역사에는 비슷한 일이 몇 번씩 반복되었다. 18세기 초 영국에서 일어난 남해회사The South Sea Company의 사례가 대표적이다.

18세기 초 국채¹가 늘어나 국가의 살림살이를 고민하던 영국 정부는 새로운 아이디어를 냈다. 무역을 독점할 수 있는 권한을 특정 기업에게 주고, 이 기업이 주식을 발행해 국채 소유자에게 주는 방안을 고안해낸 것이다. 겉보기에는 그럴듯한 생각이었다. 정부는 빚 부담을 덜고 주식을 발행한 기업은 무역 독점권을 가지니 서로 이익이라 생각한 것이다.

이런 계획을 밑바탕으로 1711년 설립된 것이 남해회사였다. 이 회사는 몇 년 후 국채를 주식으로 바꿔준다고 선전했다. 더불어 정부와 왕실의 중요한 인물들이 적극적으로 투자할 것이라는 소문까지 번졌다. 남해회사의 주식은 정부가 보증한 믿을 만한 투자 상품으로 보였다. 너도나도 이 회사의 주식을 사들이면서 주가가 폭등해 1720년 초에 128파

---

1    국가가 재정상의 필요에 따라 국가의 신용으로 설정하는 금전상의 채무. 또는 그것을 표시하는 채권. 내국채와 외국채가 있는데, 지방채와 함께 공채라 불러 사채와 구별하기도 한다.

그림 40.
..........
에드워드 매슈 워드, 「남해 거품」, 1847년.

운드이던 것이 7월에는 900파운드를 넘어설 정도가 되었다. 주식으로 단단히 한몫 챙겼다는 소문이 떠돌면서 사람들은 기회를 놓칠까봐 조바심을 냈다. 남해회사의 주식은 금방 인기 상품이 되었다.

에드워드 매슈 워드Edward Matthew Ward, 1816~79의 「남해 거품」은 당시의 과열된 현장을 보여준다. 투기 열풍 한가운데에서 아수라장 같은 풍경이 펼쳐지고 있다. 거리에는 남해회사의 소문을 듣고 몰려온 사람들이 우글거린다. 자기는 한몫 챙기는 데 끼지 못할까봐 조바심이 난 이들의 표정은 튤립 버블 당시 광풍에 휩싸였던 사람들과 크게 다르지 않다.

그러나 남해회사는 그렇게 실속 있는 기업이 아니었다. 실질적으로 사업을 진행해서 이윤을 남긴 것도 아니었고 경영 상태도 부실했다. 실질 가치나 생산성이 높아지지 않은 상태에서 거품이 끼었으니, 치솟는 가격에 사람들은 오히려 불안해했다. 남해회사의 돌풍으로 정부 허가 없이 주식을 발행하는 회사가 마구 늘어나기도 했다. 영국 의회는 이런 회사 설립을 규제하는 법을 만들었다. 불안감이 팽배한 데다 규제 법안까지 나오자 사람들은 너도나도 남해회사의 주식을 팔기 시작했다. 1720년 8월부터 주가가 급격히 떨어져 금세 원래 가격 수준이 됐다. 뒤늦게 투자에 뛰어든 대중은 어마어마한 손해를 입고 좌절감을 맛봐야 했다.

흥미롭게도 남해회사에 투자했다가 손해를 본 인물 중에는 과학자 아이작 뉴턴도 있다. 뉴턴은 주가 상승에 마음이 흔들려 거액을 투자했지만 주가가 폭락하자 구입 가격의 절반 가격에 주식을 팔아치웠다. 만유인력의 법칙을 발견한 천재 과학자도 거품경제 앞에서는 속절없이 무너

그림 41.
안 판덴 헤케, 「꽃다발」, 1652년경.

진 것이다. 당시 뉴턴이 남겼다는 말이 의미심장하게 다가온다. "나는 천체의 운동은 계산할 수 있으나, 인간의 광기는 계산할 수 없다."

튤립 광풍 이야기의 교훈은 바니타스화가 전하는 메시지와 맞닿아 있다. 바니타스화가 상징하는 '공허'와 '덧없음'은 언젠가는 죽음을 맞는 인간의 운명에서 비롯되기 때문이다. 튤립 광풍으로 시작된 거품경제 역시 피었다가 사그라지는 특성을 지닌다. 거품처럼 덧없고 부질없는 것. 이런 덧없음에 속아 열풍에 뛰어들었던 사람들은 그림 속 튤립을 보며 헛되고 공허한 것들을 되새겼다.

가격 거품의 원조가 된 꽃

수백 년 전에 그려진 바니타스화 속의 튤립은 현대인에게도 교훈을 준다. 부를 얻을 수 있는 마지막 행렬에 합류하라는 세상의 유혹이 넘치고, 막연한 불안감이나 조바심에 사로잡혀 비이성적 투기에 매달리는 사람들이 여전히 많기 때문이다. 피어났다 한순간 사그라질 욕망에 휘둘리지 말라는 가르침을, 꽃 정물화는 조용히 건네고 있다.

# 7

부강한 나라를 만들겠다는
장밋빛 꿈

지구본과 중상주의의 발달

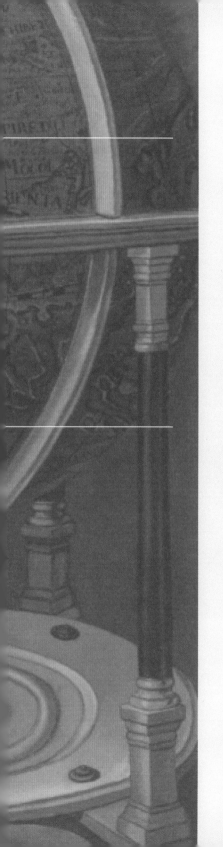

그림 42.
크리스티앙 루웍스,
「지구본, 책, 조개껍데기, 산호가 있는 정물화」,
1668년.

화면에 진귀한 물건이 가득하다. 강렬한 붉은빛 산호와 무늬가 화려한 조개껍데기, 탁자를 감싸는 고급스러운 직물, 수학과 과학의 연구 도구인 삼각자와 컴퍼스. 하지만 무엇보다 눈에 띄는 것은 뒤편에 자리 잡은 지구본이다. 인생의 무상함을 상징하는 바니타스화답게 지금은 화려하지만 언젠가 사라질 덧없는 것들을 모아놓은 그림이다.

크리스티앙 루웍스Carstian Luyckx, 1623~57는 플랑드르에서 활동한 화가로 특히 꽃이나 과일, 물고기, 사냥하는 장면 등을 섬세하고 사실적으로 묘사했다. 지구본에는 대륙과 바다의 윤곽이 선명하게 표현되어 있다. 책은 다소 낡고 먼지가 쌓인 모습이고, 산호는 붉은색과 분홍색 등 아름다운 색감으로 세밀하게 표현되어 있다.

여기 묘사된 물건들에는 흥미로운 공통분모가 있다. 원거리 항해나 다른 세계로 나아가는 데 필요한 물건이거나 바다에서 얻을 수 있는 사물이라는 점이다. 더불어 그림에 놓인 사물은 세상의 다양성과 아름다움을 상징한다. 지구본은 지구의 광활함을, 책은 인간의 지식을 뜻한다. 산호와 조개껍데기 모두 먼바다에 나가야 얻을 수 있는 화려한 장식품이었으며, 자와 컴퍼스가 의미하는 과학 기술 역시 바다 항해에 필수였다.

특히 중앙에 자리잡은 지구본이 눈에 띈다. 지구본은 유럽인들이 자신들이 살던 땅에서 벗어나 새로운 세계를 탐구하고 이해하는 데 도움이 된 물건이었다. 지구본을 처음으로 만든 사람은 마르틴 폰 베하임이라는 독일의 상인이자 천문학자였다. 이미 15세기에는 고대 그리스에서 제기된 지구가 둥글다는 생각이 점점 더 널리 퍼지고 있었다. 물론 당시 사람들은 먼바다의 끝에 무엇이 있는지 몰랐기에, 지구본에는 모든 대륙이나 나라가 표시돼 있지 않았다. 그렇지만 지구본을 통해 사람들은 지구의 모습이 어떠한지 한눈에 살펴볼 수 있었다.

'지구가 둥글다'는 사실을 몸소 증명한 건 마젤란 함대였다. 1519년 9월 20일, 페르디난드 마젤란은 선원 270명과 배 다섯 척을 이끌고 스페인에서 출발했다. 배를 타고 서쪽으로 떠난 지 두 달이 지나 남미 대륙을 끼고 돌아 태평양으로 나왔다. 망망대해에서 100일 동안 떠다니던 마젤란 함대는 마침내 1521년 3월 필리핀 동쪽의 외딴 섬 괌에 도착했다. 함대의 선장이었던 마젤란이 필리핀 원주민과 전투를 벌이다 죽음을 맞았으나 남은 동료들이 배를 몰아 1522년 9월 8일 스페인의 세비야로 돌아가는 데 성공했다. 3년여에 걸쳐 배를 타고 지구를 한 바퀴 돌아 지구가 둥글다는 것을 몸소 증명한 셈이다.

이제 지구에 대한 관심은 미지의 세계에 대한 호기심이나 궁금증에 머물지 않았다. 나라마다 바다 너머의 새로운 땅을 얻으려는 야망을 드러내기 시작했다. 육지 근처의 바다만 오가던 배들이 먼바다까지 나아가게 되면서 유럽인들은 새로운 시대가 열릴 거라는 기대에 들떴다. 더불어 세계 곳곳의 넓은 땅을 손에 넣고 싶은 열망이 끓어올랐다. 이제 글로벌, 전 지구를 소유 가능한 대상으로 생각하게 된 것이다.

그러나 포르투갈, 스페인, 영국, 프랑스, 네덜란드 등이 모두 식민지 개척에 나서면서 얻을 수 있는 땅과 자원에 한계가 있음을 깨달았다. 다들 땅따먹기 게임의 승자가 되고 싶어했다. 부강한 나라를 만들겠다는 야망도 있었다. 특히 강력한 권한을 가지게 된 왕의 머릿속에 이런 생각이 가득했다.

## 해가 지지 않는 나라를 만들겠다는 여왕의 꿈

　지구본에 손을 얹은 여왕이 위풍당당한 자세로 앉아 있다. 여러 겹으로 된 화려한 진주 목걸이와 정교한 레이스가 눈에 띈다. 화려한 의상과 고고한 자태는 경외감을 불러일으킨다. 여왕 뒤로는 창문 두 개가 있고 함선이 보인다. 자세히 들여다보면 전투 장면임을 알 수 있다.

　16세기 스페인은 신대륙인 남미의 마야와 잉카제국을 무너뜨리고 교역을 통해 큰 이익을 누리는 강대국이었다. 그런데 스페인의 황금과 물자를 빼앗는 세력이 있었으니 바로 영국의 해적이었다. 심지어 이 해적들을 영국 왕실이 지원하고 있었다. 엘리자베스 1세는 영국의 해적이 스페인의 함대를 괴롭히도록 도왔다. 해적들에게 작위를 줬고, 이들

그림 43.
⋯⋯⋯⋯⋯⋯
작자 미상, 「무적함대를 무너뜨린 그림을 배경으로 한 엘리자베스 1세의 초상」, 1588년경.

을 기사와 총독으로 임명했다. 심지어 정규군으로 편입하면서 해적들로 하여금 스페인의 교역을 방해하게 했다. 스페인의 해상 패권을 빼앗아 오려는 속셈이 있었던 것이다.

참지 못한 스페인이 1588년 영국을 침공했으나 해전에서 패배하고 말았다. 뛰어난 전술과 더 강력한 함선으로 영국은 스페인 무적함대[1]를 격파했다. 본국으로 돌아가던 무적함대 일부는 또다시 불운을 맞는데 스코틀랜드 북서쪽에서 폭풍으로 인해 스물네 척이 넘는 배가 난파한 것이다. 연이은 불운으로 스페인 무적함대가 몰락하면서 영국은 '새로운 태양'으로 떠오른다. 아메리카대륙에서 식민지를 늘리며 위세를 과시하던 스페인을 물리치고 세계의 해양 패권을 거머쥐게 된 것이다.

여왕 뒤쪽의 창문에 펼쳐진 장면은 이 역사적인 사건을 보여주고 있다. 왼쪽 창문에는 영국 해군과 스페인의 무적함대가 맞붙은 모습이 그려져 있고 오른쪽 창문에는 패배 이후 무적함대가 폭풍을 만나 난파되는 장면이 펼쳐져 있다. 즉 이 그림은 엘리자베스 1세의 초상화인 동시에, 해상 패권을 장악한 영국의 위상을 보여주는 작품인 것이다. 여왕이 당당하게 손을 얹고 있는 것은 지구본이다. 흥미롭게도 여왕의 손은 아메리카대륙에 닿아 있다. 신대륙을 지배하던 스페인을 물리치고 경제적 이득을 거머쥐겠다는 은근한 야심이 느껴진다.

엘리자베스 여왕처럼 지구의와 함께 그림에 등장한 왕이 있다. 프랑스

---

[1]  영국이 해상에서 스페인에 피해를 입히고 독립전쟁을 치르던 네덜란드를 돕자, 영국을 침공하기 위해 펠리페 2세가 만든 함대. 선박 130척과 선원 8000명, 병사 1만 9000명으로 이루어진 함대였으나 프랑스의 칼레 해안 근처에서 영국에 패하고 말았다. 예순 척 만이 본국으로 돌아갔고 병사 1만 5000여 명이 사망하는 비극을 맞았다.

부강한 나라를 만들겠다는 장밋빛 꿈

그림 44.
..............
앙리 테스틀랭, 「왕립과학원의 회원들을 루이 14세에게 소개하는 콜베르」, 1667년.

의 태양왕 루이 14세다. "짐은 국가와 결혼했다"라는 말을 남기며 국가와 왕의 권위를 한껏 떨친 엘리자베스 1세처럼 루이 14세 역시 "짐이 곧 국가"라는 말을 남겼다. 귀족들의 반란을 진압하며 왕이 된 루이 14세는 웅장한 베르사유궁전을 지으며 왕권의 위대함을 보여주려 했다.

〈그림 44〉에서도 태양왕의 모습이 두드러지는데 화려한 옷을 입고 화면 중심부에 앉아 있다. 당시 왕립과학원 회원들을 소개받는 장면인데, 루이 14세 바로 옆에서 왕을 보좌하고 있는 인물이 장바티스트 콜베르다. 오랫동안 재무부 장관을 지냈으며 왕이 강력한 권력을 행사하는 데 단단히 한몫을 한 조력자였다.

이 그림에도 거대한 지구본이 나온다. 과학자들을 소개받는 자리이니 천문이나 지리 연구에 쓰이는 지구본이 등장하는 거야 어찌 보면 당연한 일일 것이다. 한편으로 지구본은 지리와 과학의 발전을 바탕으로 세계로 뻗어나가겠다는 왕의 야심을 보여주는 도구이기도 하다.

흥미롭게도 프랑스와 영국의 절대군주들이 모두 지구본을 가까이에 둔 모습을 그림으로 남겼다. 세계로 뻗어나가려는 열망, 부유하고 강력한 국가의 힘을 떨치겠다는 야심이 돋보인다. 이 절대군주들의 부국강병에 대한 꿈은 경제정책으로도 표출되었다.


## 중상주의, 부강한 나라는 어떻게 만들어질까

엘리자베스 1세와 루이 14세는 역사 교과서에 절대왕정 시기의 대표적인 군주로 등장한다. 절대왕정은 전국에 힘이 분산된 중세의 봉건제가 서서히 막을 내린 후 16~18세기에 등장한 체제다. 군주가 절대 권력을 행사하면서 강력한 국가 건설을 부르짖은 것이 특징이다. "짐은 국가와 결혼했다" "짐이 곧 국가" 같은 선언도 강력한 왕권에 대한 믿음과 의지에서 비롯된 말이다. 당시 왕들은 왕권신수설**2**을 통해 강력한 왕권 행사의 정당성을 강조했다.

그러나 왕권 강화를 위해서는 "현실적인 힘"도 필요했다. 군주들은 강력한 나라를 만들고 왕의 권위를 높이려면 경제력, 즉 돈이 필요하다는 사실을 깨달았다. 용병을 쓰지 않고 상비군을 키워 군사력을 유지하

---

2  신이 왕에게 권력을 준다는 사상. 왕의 권력은 절대적이며 백성은 복종해야 한다는 생각의 밑바탕이 되었다. 유럽 절대왕정의 정치적 기반이 되었으며, 사회 질서를 유지하기 위해서는 강력한 중앙집권 체제를 수립해야 한다는 생각으로 발진했다.

부강한 나라를 만들겠다는 장밋빛 꿈

기 위해서도, 정부를 실질적으로 이끌어나갈 관료제[3]를 유지하기 위해서도, 부강한 나라를 세우기 위해서도 돈이 필요했다.

돈이 많이 필요한데 세금 인상으로는 부족했다. 루이 14세의 재무장관이었던 콜베르는 부강한 나라를 만들기 위해 새로운 방법을 고안해낸다. 그가 생각하기에 국가는 기업처럼 '더 많은 이익을 남기는 데' 힘을 써야 한다. 기업이 소득을 올리고 지출을 하는 것처럼, 국민들이 상품을 만들어 외국에 내다파는 수출을 통해 더 많은 돈을 벌어들이고 외국 제품의 수입을 줄이면 무역 흑자가 늘어나고, 이렇게 재산이 쌓일수록 국가가 부강해진다.

흑자를 내기 위해 콜베르는 어떤 노력을 기울였을까? 우선 기업들이 질 좋은 상품을 만들어야 한다고 보고 상품의 질을 높이고 유지하는 데 힘썼다. 먼저 외국의 전문 기술자들이 프랑스로 들어오는 것을 환영했다. 프랑스의 가구나 양탄자, 비단, 고급 의상 등의 품질을 최고 수준으로 높이기 위해 노력했다. 상품의 품질 규정을 마련하고 심사도 엄격히 했다. 덕분에 오늘날에도 프랑스의 옷이나 가방 등의 사치품은 품질 좋은 최고의 브랜드로 여겨진다. 〈그림 46〉에 나온 것처럼 루이 14세가 직물 공장을 방문한 것은 단순히 보여주기식 행사가 아니었다. 국가의 면직물 산업과 시장에 커다란 관심이 있음을 보여주는 일이었다.

상품을 만드는 데 들어가는 비용을 줄이기 위해서도 노력했다. 일단 운송비용을 줄이기 위해 불필요한 검문소를 없앴다. 더 커다란 공장을

---

3  왕의 절대 권력을 유지하기 위해 법률 제정과 집행, 세금 징수, 사법 직무 수행, 외교와 국방 활동 등 다양한 국가 기능을 담당했던 조직. 절대왕정 시대에는 봉건귀족을 관료제의 구성원으로 흡수했다.

그림 45.
∙∙∙∙∙∙∙∙∙∙∙∙
필리프 드 샹파뉴,
「장바티스트 콜베르의 초상」,
1655년.

그림 46.
∙∙∙∙∙∙∙∙∙∙∙∙
샤를 르 브룅, 「루블랭 직물 공장을 방문한 루이 14세」, 1673년.

세우는 데도 관심을 가졌다. 노동자 수백 명이 생산 본부의 지휘를 받아 일사불란하게 움직이며 일을 분담하게 했다. 덕분에 물건 하나를 만드는 과정을 한 사람이 전부 수행할 때보다 더 빠르게 더 많이 만들 수 있었다. 이렇게 하여 효율성이 높아지고 생산비가 줄어들고 상품 가격이 더 저렴해졌다. 수출이 잘될 만한 상품을 더 많이 만들어 국내 상품 생산을 늘리는 것이 콜베르의 목적이었다.

반대로 다른 나라에서 들어오는 상품의 수입은 의도적으로 줄였다. 외국에서 들어오는 물건에 매기는 세금인 관세를 올리면 상품 가격이 오른다. 당연하게도 사람들은 세금이 붙어 가격이 높아진 외국 상품보다 자국 상품을 찾게 된다. 대신 프랑스의 수출품이 해외로 팔려 나갈 때는 낮은 관세를 부과했다. 어린아이를 살피고 보호하며 키우듯, 외국 상품 수입으로 국내 산업이 위축되지 않도록 강력하게 장벽을 치고 보호한 덕에 경쟁력이 높아졌다. 또 더 많은 일자리를 만들고자 노력했다. 수출을 늘리기 위해 해외 무역에 대한 규제를 줄이고 자금을 지원했다. 프랑스뿐 아니라 16세기에서 18세기 사이에 여러 나라가 비슷한 생각을 하고 있었다. 지구본에 표현된 다양한 세계와 국가를 지배하며 강력한 국가를 만들려는 야심을 품었던 것이다.

콜베르가 펼쳤던 정책과 같이 상업과 무역의 성공을 바탕삼아 국가의 부를 늘려야 한다는 이념을 중상주의라고 한다. 중상주의에 따르면 정부의 지원 아래 수출을 늘리고 수입을 억제해 무역수지[4] 흑자를 이

---

4   한 나라가 외국에 상품을 수출해서 번 돈과 외국의 제품을 수입하는 데 사용한 돈의 액수 차이. 수출이 수입을 초과하는 상태를 무역 흑자라 부르고, 반대로 수입이 수출을 초과하는 상태를 무역 적자라고 부른다.

루어내는 것이 국가를 강력하게 만드는 지름길이다.

당시 무역 흑자를 이루기 위해서 가장 중요한 것은 식민지 건설이었다. 식민지는 본국의 생산물을 사들이는 시장이자 국부와 국력 신장에 꼭 필요하다 여겨졌던 천연자원, 그중에서도 특히 귀금속을 수출하는 원료 공급지였기 때문이다. 유럽 여러 나라는 식민지 건설을 통해 신대륙에서 더 많은 금과 은을 들여오는 데 힘썼다. 금이나 은과 같은 귀금속이 모든 나라에서 '진정한 부富'로 통했기 때문이다. 더 많은 귀금속을 얻기 위해서는 더 많은 식민지를 정복할 필요가 있었다. 그래서 유럽 각국은 경쟁적으로 식민지 건설에 나섰다. 군주들이 등장한 그림에 나오는 지구본은 단순한 소품이 아니라 식민지 건설에 대한 야심을 보여주는 것이라 할 수 있다.

콜베르의 믿음대로 중상주의는 나라 경제에 큰 도움이 되었을까? 겉보기에는 그럴 것 같았으나 장기적으로 문제가 있었다. 모든 국가가 수출을 늘리고 수입을 줄이고 무역의 승자가 되려고 하면 교역이 제대로 될 수가 없다. 실제 프랑스는 1667년 상업이 발달했던 네덜란드의 수입품에 대한 관세를 세 배로 올렸다. 참지 못한 네덜란드가 프랑스 제품의 수입을 금지하면서 두 나라가 충돌하기도 했다.

무역 흑자를 늘리고 외국 무역을 통해 많은 금과 은을 손에 넣었으나 결국 다른 나라의 질 좋은 상품의 수입을 막는 꼴이 되었다. 나라 안에서 거래되는 상품의 숫자는 늘지 않는데 외국에서 벌어들인 돈이 많으면 결국 문제가 생긴다. 물건값만 필요 이상으로 오르며 인플레이션[5] 이

5    물가수준이 지속적으로 올라가는 현상

일어나는 것이다.

상품의 품질을 높이기 위해 노력했지만 이 역시 문제를 낳았다. 몇몇 제조업체와 무역업체에게 혜택을 주면 기업 간 경쟁이 불공정해진다. 특정 기업을 집중적으로 키우다보니 작은 기업들은 제조업에 뛰어들기 어려웠다. 대자본을 축적한 소수 기업들이 정부에 돈을 주고 더 많은 혜택을 받으니 공정한 경쟁이 될 수가 없는 것이다. 이 와중에 정부는 국민에게 근검절약을 강조했다. 근검절약이야 바람직한 일이다. 그러나 이 역시 과도하면 나라 경제에 걸림돌이 된다. 혈액이 온몸을 순환해야 우리 신체가 건강을 유지하듯, 돈의 흐름이 원활할 때 나라 경제도 발전한다. 가령 상품을 살 사람이 있어야 기업도 상품을 활발히 생산하고 직원들에게 월급을 줄 수 있다. 그러나 소비와 투자가 활발하지 않으니 국가 경제는 제자리걸음을 걸었다. 물가는 오르는데 작은 기업들은 손해를 보았기에 중상주의는 소수 지배층과 상인의 배만 불렸다. 서민들은 가난해졌고 국가는 해외 제품 수입에 인색해 다른 나라와 자주 갈등을 빚었다.

강력한 힘을 떨치던 중상주의는 어떻게 끝을 맺었을까. 콜베르가 장관 자리에서 물러나고 약 100년 후 국가가 경제에 간섭하는 것을 비판하는 인물이 나타났다. 경제학의 아버지라 불리는 애덤 스미스다. 그는 중상주의 문제점을 지적하면서 경제에 대한 국가 개입이 부적절하다고 주장했다. 초기 자본주의의 뿌리가 된 자유방임주의의 시작이었다. 17세기 그림 속 지구본에 드러난 '부강한 국가 건설의 꿈'은 결국 자유방임주의라는 새로운 경제 사상에 그 자리를 내어주게 된다.

# 8

## 스위스산 시계는
## 어떻게 최고가 되었을까

위그노와 나비효과

그림 47.
..............
폴 세잔,
「검은 시계가 있는 정물」,
1870년경.

화면 왼편에 기묘하게 생긴 조개껍데기가 눈에 띈다. 입술이 붉은 생명체처럼 보여 눈길을 끈다. 탁자에서 떨어질 듯 위태로워 보이는 찻잔과 받침, 흰 식탁보 모두 거칠고 강렬한 붓질로 완성되었다. 주름 사이의 어둠이 짙은 식탁보로 인해 찻잔과 유리 꽃병, 탁자 오른쪽의 재떨이는 안정되게 놓였다기보다 공중에 떠 있는 느낌을 준다. 그리고 이런 사물들 뒤에 탁상시계가 보인다. 이 시계로는 시침과 분침을 정확히 알 수 없다. 뒤편 거울에 반사되어 시계는 두 배로 확장되어 보인다.

폴 세잔Paul Cézanne, 1839~1906은 19세기 말 회화의 새로운 방향을 열었던 화가다. 그는 사물의 묘사를 넘어 본질을 화폭에 담아야 한다고 생각했다. 그래서 눈에 보이는 사물의 겉모습을 그리지 않고, 다양한 시점에서 사물을 바라본 다음, 한 화면에 담아내기 위해 노력했다. 이 그림의 경우 탁상시계를 중심으로 여러 사물을 배치했는데 금방이라도 탁자에서 떨어지고 말 것 같다.

이 작품은 세잔이 작가 에밀 졸라를 위해 그린 것이다. 졸라는 19세기 프랑스의 대표적인 작가이자 언론인으로, 세잔과 어린 시절부터 학교를 함께 다닌 단짝이었다. 세잔이 아버지의 강요로 법학을 공부할 때도 화가의 길을 걷도록 격려해준 벗이 졸라였다.

정물화에 자리잡은 사물들, 재떨이나 시계는 졸라의 소장품으로 보인다. 특히 18세기에는 탁상시계와 휴대하기 좋은 회중시계가 유럽의 귀족과 부유층을 중심으로 인기를 끌어 그림의 소재로도 적합했다. 시계는 시간의 흐름과 유한한 인간의 삶을 의미하는 사물이었다.

다르게 보면 시계는 근대를 상징하는 물건이었다. 고대나 중세에는 시간을 정확히 알기가 쉽지 않았다. 고작해야 마을 광장의 시계나 교회 첨탑에서 울리는 종소리를 통해 알 수 있었을 뿐이다. 그러나 근대에 들어서면서 개인이 시계를 갖고 언제든 시간을 확인할 수 있게 되었다. 기차를 타거나 근무 시간을 따지기도 쉬워졌다. 이제 시간은 '예측'하고 '관리'하는 것이 되었다. 수백 년이 지난 21세기 우리에게는 휴대전화나 스마트워치로 시간을 확인해보는 것이 전혀 새롭지 않은 일이다. 그러나 당시에는 좋은 시계를 가지고, 시간을 틈틈이 확인하는 것은 나름 새로운 생활방식이었다. 근대인이 누리는 새로운 여유를 상징하는 것이었다.

## 시계, 도시와 기계의 힘을 상징하는 물건

물론 인류의 역사에서 개인이 시계를 소유할 수 있게 되기까지는 오랜 시간이 필요했다. 거슬러올라가보면, 13세기 후반 유럽에 크고 작은 도시들이 성장하면서 봉건시대와는 다르게 실용주의적이고 자유로운 분위기가 만들어진다. 도시 한가운데, 매 시간 자동으로 종을 울리는 대형 시계가 시 청사나 교회, 성당 등에 설치되어 시간을 알려주었다. 15세기 한 문헌에 따르면 "도시를 빛낼 크고 훌륭한 시계를 갖고 있다는 명성을 두고 다른 도시와 경쟁했다". 당시의 자유민들은 중세의 농노와 달리, 자유롭고 실용적인 도시에 모여 산다는 자부심을 가지고 있었다. 공공장소에 설치된 시계는 바로 그런 도시의 상징이었다.

도시 중앙에 있는 거대한 시계는 중세 후반부터 서양인들이 품었던 기계의 힘에 대한 믿음을 상징했다. 당시 흑사병으로 인구의 3분의 1을 잃은 유럽인들은 노동력이 부족하자 기계의 힘을 빌려서라도 일을 해야겠다고 생각했다. 새로운 농기계를 발명했고 다른 분야에서도 다양한 기계를 만들었다. 시계도 마찬가지였다.

당시의 거대한 시계를 만들었던 것은 대포 장인들이었다. 시계가 쇠나 청동처럼 금속으로 만들어졌기 때문에 금속을 다루는 노동자, 특히 대포를 다루는 노동자들이 시계를 제작한 것이다. 그러나 초창기의 거대한 기계식 시계에도 변화가 나타난다. 사람들은 점차 도시 중앙에 가지 않고도 시간을 확인할 수 있기를 바랐다. 이러한 열망으로 15세기 들어 태엽을 통해 가동되는 시계를 만들었고 크기도 획기적으로 줄였다. 집 안에 들일 수 있는 시계, 주머니에 넣고 다닐 수 있는 시계가 발명된 것이다. 기계식 시계는 태엽이나 추의 힘으로 작동하며, 톱니바퀴와 밸런스 휠 같은 작은 부품이 정교하게 맞물려 있는 장치다. 이처럼 다양한 부품으로 구성된 작은 시계를 만들기 위해서는 섬세한 손기술을 발휘하는 사람들이 필요했다. 당시 시계 제작은 첨단 산업에 가까웠다. 시계 제작자들은 기본적으로 문자를 읽을 줄 알고, 정밀한 기계를 다룰 수 있는 우수한 인재들이었다. 이 우수한 인재들이 모여 있는 나라는 15세기만 해도 이탈리아나 프랑스 등이었다. 하지만 이런 전통이 지속적으로 이어지지 않았고 스위스가 시계 강국이 되었다.

스위스는 초고가 명품 시계 브랜드로도 유명하다. 롤렉스, 차펙, 파텍필립 등 명품 시계 브랜드 대다수가 스위스산이다. 스위스의 시계 산업은 제약, 기계에 이어 스위스에서 세번째로 큰 수출 산업으로 그 생산액이 국가 GDP의 1.5퍼센트를 차지할 정도다. 스위스는 주로 정밀 기술 산업이 발달한 나라다. 도제식 교육으로 훌륭한 기술자와 장인 들이 대를 이어 성장한 덕분인데 이유를 되짚어보면 흥미롭게도 이웃 나라, 프랑스의 역사를 살펴보게 된다.

## 무자비한 살육의 현장, 성 바르톨로메오 축일의 학살

참혹한 살육의 현장이다. 곳곳에서 무기를 든 사람들이 다른 이들을 찌르거나 때리는 중이다. 이미 죽임을 당한 채 질질 끌려가는 사람들도 있다. 뒤편에는 희생당한 사람들의 시체가 쌓여 있다. 비극의 현장에서 의기양양하게 대화를 나누는 살육자 무리도 눈에 띈다. 그림의 배경이 길거리이고, 무장한 사람들이 없는 것으로 보아 전쟁중인 상황은 아니다.

16세기를 배경으로 한 이 끔찍한 상황을 이해하려면 종교개혁까지 거슬러올라가야 한다. 천년 동안 이어진 중세 유럽의 중심은 가톨릭이었다. 가톨릭은 유럽인들의 정신적 뿌리이자 생활의 기둥이었다. 하지만 시간이 지나면서 종교는 부패하고 타락했다. 이로 인해 앞서 말한 종교개혁가들이 등장했고 신교가 탄생했다.

신교를 이끈 종교개혁가 중에서도 단연 눈에 띄는 인물이 장 칼뱅이다. 칼뱅은 16세기 프랑스에서 태어난 인물이지만 이후 스위스의 제네바로 옮겨가 종교개혁을 이끌었다. 칼뱅은 '성경'이 믿음의 중심이어야 한다는 사실을 강조했다. 뿐만 아니라 엄격하게 교리를 지켜야 한다고 힘주어 말했다.

그림 48.
프랑수아 뒤부아, 「성 바르톨로메오 축일의 대학살」, 1572~84년.

특히 모든 사람이 하느님이 부여한 직업을 가지고 있으며, 자기 일을 통해 하느님의 뜻을 실현해야 한다고 주장했다. 본인의 직무에 매진하는 것이 곧 신앙의 실천이라고 생각했던 것이다. 이처럼 노동이 하느님의 가르침을 실천하는 방법이라는 생각은 근면과 노력, 절약, 투자 등 자본주의에서 중시하는 덕목을 확립하는 데 큰 영향을 미쳤다. 뿐만 아니라 칼뱅은 사치와 방탕을 금지하고 검소한 생활을 강조했다. 그리하여 서양, 특히 칼뱅의 사상이 널리 퍼진 서유럽과 북유럽에서 자본주의가 빠르게 자리잡았던 것이다.

칼뱅의 교리는 특히 스위스와 프랑스 북부 등 유럽 전역으로 퍼졌다. 그중 프랑스에서 칼뱅의 가르침을 따르는 사람들, 개신교 신자들을 위

그림 49.
............
작자 미상,
「장 칼뱅의 초상」,
1550년경.

그노라고 불렀다. 이들은 종교의 가르침에 따라 근면 성실한 태도로 자기 직무에 충실했다. 더불어 단순하고 검소한 생활을 하며 부를 쌓는 데도 힘썼다. 이들은 프랑스의 경제를 이끄는 상공업자로 자리잡았다.

그렇다고는 해도 프랑스의 정치, 종교를 이끄는 세력은 여전히 가톨릭교회였다. 소수에 불과했던 위그노들은 박해를 받았다. 결국 위그노와 가톨릭은 서로 관용하지 못하고 충돌했으니 이를 보여주는 사건이 〈그림 48〉에 표현된 성 바르톨로메오 축일의 학살이다. 프랑스의 가톨릭교도들이 위그노, 즉 프랑스 개신교도들을 무자비하게 살해한 일이다.

당시 프랑스는 샤를 9세가 다스리고 있었다. 샤를 9세의 어머니인 카트린 드 메디시스는 1560년 열 살 된 아들 샤를 9세가 왕위에 오르자 그를 대신해 나라를 다스렸다. 가톨릭과 위그노가 충돌하던 국면에서 자신의 딸이자 샤를 9세의 동생인 마르그리트 공주를 위그노의 지도자와 결혼시키려 했다. 위그노와 카톨릭 사이에 화해의 길이 열리는 듯했다. 이 뜻깊은 결혼을 축하하기 위해 위그노의 거물들이 파리에 모여들었다.

그러나 이 일은 화해와 공존이 아닌 비극의 출발점이 됐다. 프랑스 궁정에서는 이 결혼에 반대하는 자들의 음모가 진행되는 중이었다. 위그노와의 싸움 도중에 아버지를 잃은 앙리 드 기즈 공작은 신교도에게 복수할 날을 꿈꾸며 이를 갈고 있었다.

1572년 8월 24일, 일요일이자 성 바르톨로메오 축일, 기즈 공작을 필두로 한 파리의 가톨릭교도들은 결혼식에 참석하러 온 위그노들을 학살하기 시작했다. 축복의 날에 루브르궁 마당에는 위그노의 시체가 쌓였다. 멀리 성문 쪽에서 검은 옷을 입은 여성이 벌거벗은 시신 더미를 내려다보며 서 있는데 그가 샤를 9세의 어머니이자 결혼식을 계획했던 카트린 드 메디시스다.

살육의 분위기는 프랑스 전국으로 번져나갔다. 흥분한 시민들이 거리로 나가 개신교도들을 살육하는 데 합세해 결국 적게는 5000명 많게는 3만 명으로 추정되는 사람들이 목숨을 잃었다. 역설적이게도 이 끔찍한 사건을 가톨릭교회는 오히려 축하했으니 1572년 바티칸에서는 기념 주화까지 발행했을 정도였다. 당시 신교와 구교의 갈등과 대립이 얼마나 극심했는지 짐작할 수 있는 대목이다.

다행히 1589년에 즉위한 앙리 4세가 새로운 화해의 장을 열면서 갈등의 불씨는 가까스로 꺼졌다. 그는 1598년 낭트칙령을 내려 위그노에게 신앙의 자유를 부여했다. '가톨릭을 믿지 않는 이단은 엄벌에 처한다'는 규정을 없앴고, 이제 위그노 역시 파리를 제외한 지역에서 예배를 드릴 수 있게 되었다. 또 가톨릭교도와 마찬가지로 완전한 시민권을 행사할 수 있게 되었다. 그러나 가톨릭교도들은 낭트칙령에 불만을 품고 있었다.


## 위그노의 대탈출, 인재 유출로 이어지다

낭트칙령 발표 이후 위그노와 개신교는 공존하며 평화를 누렸을까? 안타깝게도 그렇지 못했다. 1685년 10월 18일 '태양왕' 루이 14세가 낭트칙령을 폐지하라는 명령을 내렸다. 프랑스에 있는 신교도의 종교적, 시민적 자유를 완전히 박탈한 것이다. '짐이 곧 국가'라 자처하며 강력한 왕권을 추구했던 루이 14세는, 국민을 '하나의 군주, 하나의 신앙, 하나의 법률'로 묶는 것이 왕권 강화에 도움이 되리라 믿었다. 가톨릭을 중심으로 국민을 하나로 단합시키기를 원한 것이다.

루이 14세의 낭트칙령 폐지는 프랑스 사회에 어떤 영향을 미쳤을까. 〈그림 50〉은 낭트칙령 폐지 이후의 상황을 보여준다. 가톨릭교도로서, '드래곤'이라는 소총을 가지고 다녀 용기병dragonnades이라고 불린 자들이 있었다. 이들은 개신교도의 집에 밀고 들어가 갖은 악행을 벌이며

그림 50.
..........
고드프루아 엥겔만, 「위그노를 위협하는 용기병」, 1686년

개종을 강요했고 무자비한 박해를 일삼았다. 신변의 위협을 느낀 위그노들은 결국 프랑스를 떠나기 시작했다. 낭트칙령이 폐지된 1685년부터 1689년까지 무려 20~30만 명으로 추정되는 위그노가 탈출한 것이다.

그렇다면 루이 14세의 바람대로 종교적 분열이 사라지고 전 국민이 하나의 신앙으로 똘똘 뭉쳤을까? 당장은 그렇게 보였을지 모른다. 하지만 이 사건은 프랑스에 예상치 못한 피해를 안겼다. 해외로 망명한 위그노의 상당수가 상공업에 종사하는 뛰어난 기술자와 상인들이었기 때문이다.

이들이 중요한 인적 자원이 된 핵심 이유에는 '칼뱅의 가르침'이 있었다. 19세기 독일의 사회학자였던 막스 베버는 칼뱅주의에서 강조한 근면과 성실, 저축, 합리성이라는 윤리가 자본주의 정신을 확립하는 데 커다란 기여를 한다고 주장했다. 전에는 부자들을 부정한 방법으로 재산을 축적한 사람으로 보았다. 하지만 칼뱅주의에 의하면 자신의 일에 충실하며 재산을 축적하는 것은 죄악이 아니었다. 모든 직업은 신의 뜻에 따라 존재했으며, 자신의 직업을 성실하게 수행하는 것이야말로 하느님을 섬기는 일이었다. 이러한 믿음을 바탕으로 삼았던 위그노 중에는 뛰어난 장인과 기술자, 학자가 많았다. 특히 천문학자, 역사학자, 수학자, 작가, 교사 등 지식인이 많았으니, 프랑스로서는 엄청난 인재 유출이 일어난 것이다.

국가의 상공업을 유지하는 데 없어서는 안 될 소중한 지식과 기술을 보유하고 있던 위그노들이 나라를 떠나자 나라 경제도 휘청거렸다. 루이 14세 아래에서 오랫동안 재무부 장관을 지냈던 콜베르 역시 위그노 탄압이 나라 경제에 좋지 않은 영향을 미칠 거라 예견한 바 있었다. 콜베르의 예상은 적중했다. 특히 시계, 열쇠와 자물쇠, 섬유, 판유리, 은공예, 가구 산업처럼 숙련된 기술자가 필요한 부문이 큰 타격을 받았다. 상품의 품질과 수준이 심각하게 떨어졌다.


## 위그노가 정착한 나라들, 세계 강국이 되다

프랑스를 빠져나간 위그노는 어디로 향했을까. 주로 네덜란드와 영국, 프로이센, 덴마크, 스웨덴 등 새로운 종교나 사상을 관용하는 국가 또는 개신교도가 다수를 차지한 국가로 향했다. 북미 대륙의 미국이나 네덜란드령 남아프리카 등지에 정착하기도 했다. 이 나라들 입장에서는 당대 최고의 기술자이자 공학자, 지식인 들을 받아들인 행운을 맞이한 것이다.

유럽 곳곳에 퍼진 위그노들이 향했던 나라 중 하나가 스위스다. 스위스는 알프스산맥으로 유명한데 프랑스 국경과 맞닿은 곳에는 쥐라산맥이 있다. 이 산맥의 양끝에는 매년 세계 최대의 시계 박람회가 열리는 제네바와 바젤이 있다. 쥐라산맥 주변부를 시계 계곡이라고 부르기도 한다. 전 세계 고급 시계의 90퍼센트 이상을 생산하는, 시계 시장의 중심부이기 때문이다.

여기서 시계를 생산하던 사람들이 바로 프랑스에서 건너온 위그노들이었다. 이미 16세기 영국에서 '종교적 귀금속 또는 사치품인 귀금속을 몸에 지니지 못한다'는 칙령이 내려져, 금이나 귀금속을 세공하던 사람들이 제네바로 모여들었다. 이들이 다수 자리잡으면서 시계 제조 기술의 기틀이 잡혀 있었는데 여기에 위그노 기술자들이 가세하면서 스위스의 시계 산업은 더욱 발전하였다.

유난히 겨울이 길고 추워, 실내에 오랫동안 머물러야 하는 스위스의 기후 조건도 시계 제조에 유리했다. 효율성이 떨어지는 농사일을 하는 대신 집 안에서 작은 시계 부품들을 만든 다음, 제네바에 있는 시계 제작자에게 판매하는 게 나았기 때문이다. 시계 부품을 만드는 데에는 큰 기계 장치가 필요하지 않았고, 수공업으로 마무리하는 작업이 더 많았다.

스위스의 산골에 사는 사람들은 서로 역할을 분담해 시계 부품을 만들었다. 어떤 가족은 시계의 중요 부품인 무브먼트의 작은 톱니바퀴를 만들었다. 또다른 가족은 시곗바늘 혹은 시계의 케이스를 만들었다. 각 가정에서 이렇게 생산한 부품들을 모아 제네바에서 시계를 조립하는 기술자에게 보내고 이 사람은 부품을 최종 조립하여 프랑스와 영국, 인도 등지에 팔았다. 왕족이나 귀족, 부자 들은 정밀하고 정확한 회중시계를 원했다. 16세기 말에 이미 제네바에서 제작된 시계는 '최고의 품질'로 명성을 떨쳤다. 1601년 제네바에는 시계제작자조합이 만들어져 시계 산업의 기틀을 다졌다.

위그노의 해외 이주로 덕을 본 나라들은 더 있었다. 독일은 정밀 기계 제작 분야에서 프랑스를 추월할 수 있었다. 18세기 초 미국에 정착한 위그노들은 탄약 기술을 전해 서부개척시대를 열었다고 분석하는 이들도 있다. 이런 점을 알고 있었던 각국 정부는 위그노의 이민을 환영하기도 했다. 영국 왕 찰스 2세는 특별이민법을 제정해 수많은 위그노 기술자를 끌어들였고 정착을 도왔다. 당대 최고의 기술자이고 공학자, 지식인이었던 위그노가 유럽 곳곳에 퍼진 덕분에 기술 발전에 뒤처져 있던 나라들이 앞서가던 나라를 추격할 수 있었다.

종교 갈등에서 시작된 일이지만 위그노의 해외 이주는 의미심장한 사실을 알려준다. 뛰어난 기술과 지식을 보유한 인재 유출은 국가에 치명상을 입힐 수 있다. 만약 프랑스가 종교적 관용 정책을 유지하고 위그노들을 포용했다면, 경제가 더욱 빠르게 발전했을 가능성이 높다. 300여 년 전 프랑스의 인재 유출 사건은 우리에게 중요한 교훈을 준다.

폐쇄된 종교나 사상에 사로잡혀 타인을 배척할 경우 예상치 못한 비용을 치를 수 있다는 교훈 말이다. 때에 따라서는 관용의 정신이 경제 성장의 커다란 원동력이 될 수 있다.

# 9

# 동서양을 연결한
# 신비한 푸른빛, 청화백자

기술과 예술의 결정체

그림 51.
.............
빌럼 칼프,
「생강 항아리가 있는 정물화」,
1669년.

이 작품의 주인공은 도자기다. 신비하고 이국적인, 푸른빛을 띤 항아리. 빌럼 칼프Willem Kalf, 1619~93는 주로 호화로운 식기류, 과일 등을 그렸다. 프롱크 정물화를 대표하는 화가다. 프롱크 정물화란 네덜란드어 프롱컨pronken에서 비롯된 장르다. 프롱컨은 '보여주다, 과시하다'라는 뜻을 가지고 있다. 프롱크 화가들은 금은 그릇, 비단, 유리, 도자기 등 화려하고 사치스러운 소재를 화폭에 담고 물체의 질감이나 광택, 반사를 정교하게 묘사했다.

이 장르는 17세기에 부와 번영을 누린 네덜란드 상인들 덕에 발전했다. 경제 성장으로 부를 축적한 네덜란드인들은 이를 뽐낼 수 있는 물건을 택해 프롱크 정물화를 주문했다. 이 장르의 대가답게 칼프는 고급스러운 물건을 화폭에 가득 담았다. 둔탁한 광택을 뽐내는 은그릇, 페르시아 양탄자, 쉽게 구하기 어려운 이국의 과일인 오렌지 등이다. 페르시아 양탄자는 재질의 양감을 보여주기 위해 주름진 상태로 그렸다. 반으로 잘린 빵 조각 역시 화가의 표현력을 보여준다. 레몬 껍질을 실감나게 그리려고 회반죽처럼 걸쭉한 물감을 사용하고, 비단이나 도자기 표면을 묘사하기 위해서는 옅은 물감을 여러 번 덧칠하는 기법을 구사했다.

칼프는 특히 중국 도자기가 있는 정물화를 즐겨 그렸다. 〈그림 51〉에서도 그림 전체의 중심을 잡아주는 것은 오른편에 있는 도자기다. 이 명나라 도자기는 밝은 흰색과 청색이 대조되어 매혹적인 분위기를 풍긴다. 정교한 문양도 빛난다. 당시 네덜란드인들은 직접 중국에 진출해서 동양의 물건을 구입해 유럽 시장에 팔았다. 그중에서도 칼프의 그림에 등장하는 청화백자는 최고의 인기 상품이었다. 우윳빛 바탕에 선명한 파란 무늬가 어우러진 그릇과 꽃병, 찻잔에 유럽인들은 매혹되었다. 자신의 부를 '과시하려는' 중산층의 욕구를 채워주기에 알맞은 중국 도자기는 정물화에 자주 등장하는 소재였다.

서유럽의 회화에 등장하는 머나먼 이국의 도자기. 여기에는 흥미로운 이야기가 숨어 있다.


## 세계 최초의 OEM 상품, 청화백자

청화백자는 중국 징더전景德镇의 산에서 채굴한 고령토로 빚어낸 자기[1]다. 고령토를 채취해서 부수고 체에 쳐서 불순물을 제거한 후, 물과 섞어 점성이 있는 반죽을 만든다. 이어 그릇을 빚어 초벌구이를 하면 은은한 광택을 띤 흰색 자기가 탄생한다. 여기에 코발트라는 안료를 사용해 붓으로 그림을 그리고 유약[2]을 바른 다음 1300도 이상의 고온에서 한번 더 구우면 청화백자가 탄생한다.

여기에서 중요한 것이 코발트라는 물질이다. 단순한 파란색이 아니라 살짝 보랏빛이 감도는 독특한 푸른색을 띠고 깊이감이 느껴지는 물질이다. 특히 1300도에 가까워질 때 가장 아름다운 푸른빛을 낸다. 유화물감처럼 기름을 섞으면 붓으로 쉽게 칠할 수 있다.

---

1  고령토를 빚어 유약을 바른 다음 1300도 이상의 고온에서 구워 반투명한 빛을 띠게 된 그릇을 말한다. 그에 비해 도기는 유약을 바르고 1000~1100도에서 구워낸 그릇 등을 말한다. 도기와 자기를 합쳐 도자기라 부른다.

2  도자기 표면에 칠해서 광택과 색채, 무늬를 내는 유리질 분말.

동서양을 연결한 신비한 푸른빛, 청화백자

자기의 재료인 고령토는 중국산이었지만, 코발트의 고향은 중국이 아니다. 코발트를 중국에서는 회청回青라고 부르는데, 이 회回 자는 이슬람교를 믿는 아라비아와 페르시아, 중앙아시아 일대를 가리킨다. 코발트는 아라비아고원에 자리잡은 카산Kāšān이 원산지였다. 이슬람에서는 예로부터 푸른색이 고귀함을 상징했기에 사원이나 왕궁의 문, 메카를 향한 벽면에 이 신비한 푸른색을 칠했다.

그렇다면 어떻게 아라비아의 인기 상품인 코발트블루가 중국의 청화백자에 자리잡게 된 걸까. 이슬람교에서는 금이나 은으로 만든 접시에 음식을 담아 먹는 것을 금지했다. 사치를 멀리하라는 뜻이었다. 이때문에 이슬람의 부자들은 금, 은 대신 부를 드러낼 상품을 찾아냈다. 바로 중국의 도자기였다. 그때까지 중국의 도자기는 대부분 백자였다. 속이 비칠 듯한 흰 빛깔도 충분히 매력적이었지만, 이슬람교도들은 그들이 사랑했던 푸른빛을 더하기를 원했다.

중국의 도자기 생산 기술을 따라잡는 것은 무리였다. 이슬람의 기술 수준으로는 불의 온도를 800도까지밖에 끌어올리지 못했기 때문이다. 자기가 아닌 도기 제작 수준에 머물러 있어 코발트의 푸른빛을 제대로 낼 수 없었다.

결국 이슬람 상인들은 중국의 도자기 장인들에게 새로운 상품을 주문 제작하기에 이른다. 그런데 흰 자기에 푸른빛으로 어떤 문양을 넣을지가 문제였다. 이슬람교는 우상숭배를 금지하는 종교다. 물건이나 건물을 장식할 때 생명 있는 사람 형상이나 동물 문양을 새겨넣지 못했다. 그래서 풀줄기나 꽃잎 같은 식물 문양의 표현이 발달했다. 특히 이슬람교가 탄생한 아라비아반도는 건조지대다. 꽃과 나무 등 식물이 흔치 않으니 이 같은 문양은 더욱 귀한 대접을 받았다. 건조지대에서도 생산 가능한 포도 무늬가 특별히 더 많은 인기를 끌었다. 무슬림 상인들은 자신들이 선호하는 식물 문양이 새겨진 도자기를 주문했고 덕분에 아름다운 식물의 짙푸른 무늬가 두드러진 청화백자가 탄생했다.

마침 코발트의 생산지인 카산은 실크로드[3]가 지나는 길목이었다. 아라비아 상인들이 코발트블루를 낙타에 실어 중국으로 옮기기 쉬웠다. 1400년경부터 오스만제국 치하의 아라비아인이 카산에서 코발트를 가져가 중국의 도공에게 주문을 넣었다. 이 도공이 청화백자를 제작하면 상인은 아라비아에 다시 수출했다. 낙타에 코발트를 싣고 이슬람 상인들이 도착한 곳이 중국의 징더전이었다. 중국 장시성 북동부에 있는 도시로 한나라 때부터 이미 도자기를 생산했고 11세기부터 황실용 도기 생산지로 지정된 도시였다. 징더전의 도기는 "옥처럼 하얗고 종이처럼 얇으며 구슬같이 맑은 소리가 나는 명품"으로 오래전부터 칭송받았다. 징더전은 원나라 중기부터 청화백자를 생산하면서 더욱 유명한 도시가 됐다.

이 도시에서 중국의 도공은 백자에 코발트가 내는 푸른빛을 더해 청화백자를 제조했다. 아라비아 상인의 주문과 중국 도자기 기술이 만나 청화백자라는 눈부신 상품을 탄생시킨 셈이다. 이러한 생산 방식은 마치 21세기의 OEM, '주문자 상표 부착 생산'을 연상하게 만든다. OEM은 어떤 기업이 상품을 기획하고 제조는 다른 기업에 맡기는 것을

---

3   근대 이전, 동서양을 이어주었던 육상 무역로를 가리킨다. 한나라 때 처음 개척되었던 길로 아시아와 중국, 지중해를 연결하며 서양까지 중국 비단을 유통시켰기 때문에 비단길(실크로드)이라고 부르게 된 것이다.

그림 52.
.............
명대 청화백자.

말한다. 한국 브랜드의 상품을 샀는데도 안쪽 라벨에 메이드 인 코리아 Made in Korea가 아니라 메이드 인 차이나Made in China라는 문구가 적힌 물건들이 있다. 한국 기업이 중국이나 다른 나라 기업에 주문을 넣어 제품을 만들고, 다시 우리나라를 비롯한 여러 나라에 파는 것이다. 세계가 하나로 연결된 21세기에는 비교적 흔한 생산 방식이지만, 수백 년 전에는 그렇지 않았다. 청화백자는 이미 시대를 앞서간 글로벌 생산 방식으로 제작된 상품이었다.

징더전에서 완성된 청화백자가 이슬람 세계로 옮겨지는 모습을 담은 것이 〈그림 53〉이다. 현재 튀르키예 이스탄불의 톱카프궁에 소장돼 있다. 수많은 사람들이 행렬을 이루어 움직이고 있다. 왼쪽 아래에 수레가 있는데 바퀴 모양이 특이하다. 가운데에는 두 개의 큰 바퀴가, 앞뒤로는 작은 바퀴 네 개가 굴러간다. 수레에 실린 물건은 도자기로 보인다. 푸른색 문양이 그려진 도자기가 있는데 어떤 사람은 손에 들고

그림 53.
..............
서역으로 중국 도자기를 나르는 장면.

간다. 수레에 실려 있는 백자 중 특히 흰색 바탕에 푸른 문양의 도자기
가 보인다. 진귀한 물품인 청화백자가 옮겨지는 장면인 것이다.

궁전 벽화라는 점으로 미루어 학자들은 이를 서역으로 향하는 신부
측의 행렬로 추측한다. 그림 오른쪽 끝에 있는 나귀를 탄 여인을 신부
라 보는 것이다. 도자기를 수레에 싣고 가는 모습이 다소 허술해 보이
기는 하나, 청화백자를 강조하기 위해 상상을 덧붙여 그린 탓이 아닐까
추측하고 있다.

당시에는 도자기를 대량 운반해야 했기 때문에 도자기 사이 사이에
진흙을 발랐다고 한다. 실크로드를 통해 운송할 경우 건조한 사막을 건
너는 동안 진흙이 마르면서 굳어 충격을 흡수할 수 있었다. 이슬람 세
계에 도착한 후에는 물에 담가두었다가 진흙을 씻어냈다. 해상로로 이

동할 경우 도자기 사이에 볍씨를 채워넣어 완충재로 삼았다.

원나라와 명나라 때 생산된 비교적 이른 시기의 청화백자 유물은 중국보다 튀르키예의 이스탄불이나 이집트의 카이로, 이란이나 인도에서 더 자주, 대량으로 발견된다. 이 시기의 청화백자가 중국 국내보다 해외에서 주문을 받아 생산되었던 수출용 상품이었음을 짐작할 수 있다.


## 유럽을 매혹시킨 중국의 청화백자와 델프트 도기

청화백자는 이슬람에서만 사랑받은 게 아니었다. 14~15세기에는 아라비아 상인이 중국 제품을 세계에 전했지만 16세기 들어 유럽 사람들이 직접 중국에 진출해 상품을 구입한 다음 유럽 시장에 파는 일이 흔해졌다. 처음에는 포르투갈 사람들이 유럽으로 청화백자를 가져가 팔았다. 그런데 이런 상황이 곧 바뀌게 된다. 1602년과 1604년 네덜란드 동인도회사의 배들이 중국 도자기를 가득 실은 포르투갈 배를 나포했는데 여기에서 청화백자를 발견한 것이다. 네덜란드 상인들은 이 상품의 가치를 단번에 알아채고 1604년, 이 청화백자를 암스테르담 경매시장에 내놓았다.

당시까지 유럽 사람들이 쓰던 그릇이나 꽃병은 주로 이탈리아에서 넘어온 것들이었다. 이 도기는 두껍고 깨지기 쉽다는 단점이 있었다. 그에 비해 두께가 얇고 청아한 푸른색 문양이 새겨진 청화백자는 아름다운 예술품과 같았다. 유럽의 왕실과 귀족, 부유한 상인 들이 앞다투어 청화백자를 사들였다. 곧 네덜란드의 동인도회사에 소속된 배들은 1년에 10만 점이 넘는 중국의 자기를 네덜란드로 실어 날랐다.

그런데 유럽에서 일어난 중국의 도자기 열풍은 뜻밖의 어려움을 맞닥뜨린다. 14세기에서 17세기 중반까지 중국을 통치한 명나라가 멸망하고 만주족이 청나라를 세웠다. 당시 중국 동남부에서 세력을 떨치던 정치가이자 군인이었던 정성공鄭成功이라는 인물이 있었다. 정성공은 명을 멸망시킨 청나라에 복종하지 않고 저항하다가 대만으로 건너갔다. 당시 대만은 네덜란드가 점령하여 무역의 거점지로 활용하고 있었는데 정성공의 공략이 성공하며 네덜란드는 하루아침에 쫓겨나는 신세가 되었다. 이로써 동인도회사는 중국 무역에서도 손을 떼야 했다.

여전히 청화백자는 유럽 사람들에게 인기 있는 상품이었고 동인도회사는 다른 공급원을 찾으려 노력했다. 그래서 대체품으로 일본의 아리타有田에서 만들어진 자기를 수입했다. 이 아리타 도자기 역시 유럽 사람들의 인기를 끌기는 했지만 명나라 청화백자의 우수성과 품질을 따라잡기는 무리였다.

고심하던 네덜란드 사람들은 새로운 방법을 찾으려 했다. 특히 암스테르담 근교의 델프트에서 청화백자를 모방해서 자기를 만들어보려 했다. 하지만 쉽지 않았다. 자기를 만들기에 적당한 흙을 구하기 어려워 아시아에서 흙을 직접 가져다가 시험삼아 만들기도 했다. 어떤 형태의 가마에서 얼마나 강한 열로 구워내야 자기를 만들 수 있는지 알아내야 했다. 또 코발트색 물감으로 아름다운 그림을 그려내기도, 투명한 느낌을 구현하기도 어려웠다.

일단 자기를 구우려면 강한 열에도 잘 견딜 수 있는 고령토가 필요한데, 네덜란드에서는 고령토가 나오지 않아 얇고도 단단한 자기를 만들기 어려웠다. 오랜 시간 시행착오와 연구를 거듭한 끝에 델프트 장인들은 17세기 후반에 이르러서야 중국의 자기와 비슷한 그릇과 꽃병을 만들 수 있었다. 정확히 말하면 1300도 이상의 고온에서 구워낸 자기가 아니라 그 이하의 온도에서 구워낸 도기에 가까웠다. 흰색 주석 유약으로 표면을 하얗게 칠하고 다시 투명한 유약을 발라 속이 비치는 듯한 느낌을 냈다. 비파를 뜯는 여인이나 식물 문양 등 중국인들의 그림 스타일을 흉내내 최대한 청화백자와 비슷한 느낌을 내보려 했다. 이러한 과정을 통해 탄생한 것이 델프트 도기였다.

〈그림 54〉가 델프트에서 중국의 자기를 모방해 만든 피라미드형 꽃병이다. 중국의 다층 탑처럼 위로 올라갈수록 폭이 좁아지는데 각 층에 작은 주둥이 같은 구멍을 만들었다. 이 구멍에 튤립 등 귀한 꽃들을 돌려가며 꽂을 수 있었다.

델프트 도기는 유럽에서 큰 인기를 끌었다. 청화백자의 10분의 1 가격에 비슷한 느낌을 낼 수 있었기 때문이다. 당시 인구 2만 4000여 명의 작은 도시 델프트에 도기 공장이 서른두 개나 자리잡고 있었을 정도다. 이 스타일이 유럽에서 널리 사랑받아서 유럽에서는 흰색 바탕에 푸른색으로 그림을 그린 도기를 '델프트 블루'라고 불렀다. 기술과 경험이 쌓일수록 델프트 블루를 만들던 도공들은 중국풍에서 벗어나 독자적인 스타일을 창안하기 시작했다. 델프트 블루는 독특한 디자인과 섬세한 기술로 유럽 귀족들 사이에서 인기를 끌었으며 오랫동안 전통을 이어갔다. 오늘날에도 네덜란드를 대표하는 기념품으로 자리잡고 있다.

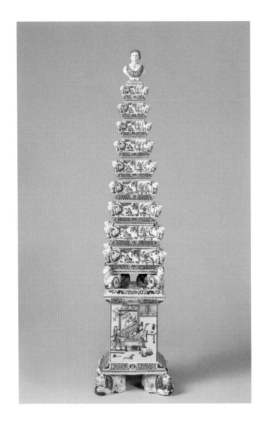

청화백자의 청靑과 델프트 블루는 모두 코발트 안료가 빚어낸 푸른 빛이라는 공통점이 있다. 또 한편 명백한 차이가 있다. 청화백자는 유럽인들에게 동양의 신비로움을 전해준 예술작품이자 상품이었다. 섬세한 필치로 그려진 꽃과 용, 식물 문양 등을 통해 중국의 뛰어난 자기 생산 기술과 예술 감각을 서양에 오롯이 전달했다. 17세기의 델프트 블루는 청화백자의 영향을 받아 만들어졌으나, 단순한 모방을 넘어 네덜란드 고유의 정서와 문화를 담은 독특한 디자인으로 유럽 도자기 시장을 장악했다. 그리고 유럽의 낭만과 우아함을 상징하는 문화로 자

그림 55.
피에르오귀스트 르누아르, 「델프트 도자기에 담긴 장미와 재스민」, 1880~81년.

리잡았다.

청화백자와 델프트 블루는 중국의 하이테크 기술이 어떤 방식으로
서양에 영향을 미쳤는지를 입증한다. 더불어 실크로드를 통한 동서양
문화 교류를 떠올리게 한다. 실로 우아한 예술품인 동시에 동서 무역의
발자취를 보여주는 증거품인 셈이다.

# 10

## 설탕, 달콤한 맛
## 너머의 진실

설탕의 생산과
노예무역

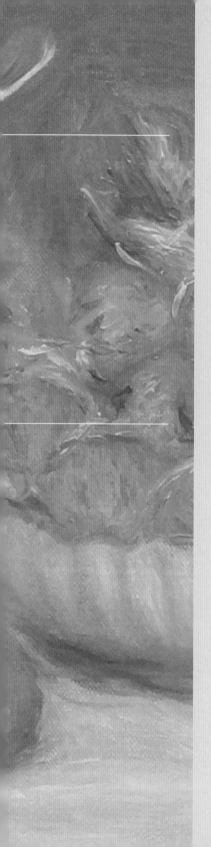

그림 56.
·············
피에르오귀스트 르누아르,
「딸기」,
1905년.

서양 명화를 잘 모르는 사람이라도 광고 이미지나 SNS 등에서 피아노를 연주하는 소녀들이나 배에서 점심을 나누는 이들을 그린 그림을 한번쯤 본 적이 있을 것이다. 화사하고 따스한 색채로 많은 사랑을 받는 이 그림들은 프랑스 화가 피에르오귀스트 르누아르Pierre-Auguste Renoir, 1841~1919의 작품이다. 19세기에 파리를 무대로 활동한 르누아르는 유쾌한 대화, 사랑스러운 밀담, 평화로운 휴식을 화폭 가득 담아낸 인상주의 화가다.

르누아르는 정물화에도 기쁨과 환희의 순간을 담아내는 예술가였다. 「딸기」라는 제목이 붙은 이 그림을 보자. 가로 28센티미터, 세로 46센티미터 크기의 캔버스에 밝은 세계를 펼쳐냈다. 하얀 식탁보 위에 놓인, 빠른 붓놀림으로 그려진 듯한 딸기는 생동감 있는 붉은빛을 띠고 있다. 딸기에 붙은 잎사귀의 초록빛도 싱그러움을 더한다. 딸기는 16세기부터 유럽에서 재배되었는데 당시에는 희귀하고 값비싼 과일이었다.

반면 왼쪽에 있는 레몬은 밝은 노란색이 딸기의 빨간색과 대조를 이루며 향긋한 기운을 전한다. 그런데 레몬과 딸기 사이에 정체불명의 작은 항아리가 보인다. 흰 바탕에 파란빛, 청화백자의 빛을 품은 도자기. 숟가락이 하나 꽂혀 있어, 무엇이 담겼을까, 호기심을 자아낸다.

이 조그만 항아리에 담긴 것은 설탕이다. 아마 과일을 찍어 먹거나 과일과 곁들여 먹는 차에 넣을 요량일 테다. 특히 르누아르가 그림을 그리던 무렵, 설탕은 이미 유럽에서 대중화된 상품이었다. 특히 18세기 잉글랜드에서 연간 1인당 설탕 소비량은 빵이나 육류 소비량보다 더 빠르게 늘어나서 가난한 사람들도 필요한 칼로리의 20퍼센트를 설탕에서 얻었을 정도였다.

수 세기 전부터 오늘날에 이르기까지 다디단 설탕은 널리 사랑받는 재료다. 특히 먹으면 먹을수록 더 많이 먹고 싶어진다는 점이 특징이다. 소금과 비교하면 더욱 뚜렷이 나타나는 설탕만의 중독성이 있다. 소금의 경우 우리 몸의 필수 요소인 나트륨을 제공하는데, 이 나트륨의 양이 너무 적어도, 많아도 신체에 문제가 생긴다. 1인당 소비량이 크게 변하지 않기 때문에 인구가 증가하는 만큼만 소금 소비량이 늘어난다. 그래서 수요와 공급이 줄다리기하는 가운데 적정한 가격이 형성된다.

그런데 설탕은 다르다. 과자, 빵, 음료와 케이크, 사탕 등 갖가지 음식에 들어가는 설탕은 1인당 소비량에 한계가 없다. 소비자가 단맛에 중독되어 계속 새로운 욕구가 발생한다. 공급되는 만큼 끊임없이 수요가 발생한다. 결과적으로 생산이 소비를 자극하기에, 대량생산을 할수록 수요가 늘어나 더 큰 이윤을 남길 수 있다.

이러한 이유로 설탕 산업을 이끈 기업과 국가는 설탕을 더 많이 생산하기 위해 분투해왔다. 그런데 이 대량생산의 과정은 결코 달콤하거나 평화롭지 않았다.


## 유럽에서 치솟은 설탕의 인기

설탕은 사탕수수라는 식물에서 얻는다. 사탕수수에서 설탕 가루를 만드는 과정은 길고 지루하다. 먼저 사탕수수를 베어낸 다음 즙을 짜내고, 이 즙의 불순물을 제거한 후 한참 끓여야 설탕 알갱이를 얻을 수 있다.

설탕, 달콤한 맛 너머의 진실

기원전 8000년경 서태평양의 뉴기니에서 처음으로 재배된 것으로 알려진 사탕수수는 이후 동남아시아와 인도, 중국에도 전파됐다. 처음에 사람들은 사탕수수를 씹으면서 달콤함을 즐기는 정도였다. 그러다 사탕수수 식물로부터 수액을 추출하는 방법을 알아냈고, 기원전 400년경 인도에서 사탕수수 추출액에서 설탕의 결정을 만들어내는 방법을 찾았다고 한다.

이후 8세기에는 지중해의 패권을 차지한 이슬람교도들이 유럽을 비롯한 여러 지역으로 설탕을 전파했다. 11세기 말 십자군전쟁 이후 유럽은 설탕을 처음 접하게 된다. 그전까지 단맛을 내는 감미료라고는 꿀밖에 없었다. 이 가루가 내는 달달한 맛은 서양인에게 그야말로 신세계를 열어주었다. 유럽인들은 아랍에서 설탕과 제조 기술을 받아들였다. 설탕은 곧 중세 유럽에서 최상류층의 사치품이 되었다.

동방으로 가는 신항로를 개척한 후 수많은 물건이 쏟아져 들어오면서 유럽인의 식탁이 풍성해졌다. 커피와 홍차 등의 음료가 신세계에서 많이 들어왔다. 한때 귀족들이나 즐기던 설탕도 동양에서 더 많이 구할 수 있게 되었다. 처음에는 이국적인 분위기와 부유함의 상징이었던 단것은 대량생산 덕분에 부르주아뿐 아니라 노동자에게도 사랑받게 된다.

특히 영국에서는 여성들 사이에 하이티high tea라는 의식이 유행하면서 설탕의 인기가 더욱 치솟았다. 그들은 늦은 오후나 이른 저녁에 요리한 음식과 빵, 버터, 케이크와 함께 차를 마시는 티타임을 즐겼다. 이 티타임에서 대다수 영국인들은 차에 설탕을 넣어 마셨다. 설탕은 담배와 커피, 초콜릿과 함께 기호품으로 자리잡았다.

그러나 수요는 급증했지만 공급이 충분히 따라주지 않았다. 일단 생산에 적합한 기후 지대를 찾기 어려웠다. 사탕수수는 재배하려면 연평균 기온이 20도 이상이어야 하고 1년에 1200~2000밀리리터의 비가 내려야 한다. 유럽인들은 이 까다로운 문제를 식민지에서 해결하려 했다. 자신들이 발견하고 원주민에게 빼앗은 대서양에 있는 여러 섬과 남아메리카의 브라질, 카리브해에 있는 자메이카나 바베이도스 같은 열대 섬에 사탕수수를 심었다. 대농장인 플랜테이션[1]이 탄생한 것이다.

사탕수수를 재배할 방대한 땅은 얻었지만 또다른 문제가 있었다. 사탕수수를 재배하는 일은 중노동이다. 완전히 자란 사탕수수의 경우 키가 4미터가 넘는다. 사탕수수가 무성히 자란 밭은 정글과 같다. 좁은 도로와 물도랑 말고는 뚫고 지나갈 길을 찾기 어렵다. 좁은 틈을 비집고, 무성한 사탕수수밭에서 어마어마한 크기의 사탕수수를 베어낸 다음, 공장으로 운반할 누군가가 필요했다. 설탕 가루를 얻으려면 큰 솥에서 사탕수수 즙을 오랫동안 끓여 정제를 해야 하는데 이 과정도 거칠고 힘에 겨웠다. 연료가 필요하니 땔감으로 쓸 나무를 베어서 가져오는 일부터 쉽지 않았다.

지금이야 기계로 가능한 일이지만 과거에는 오롯이 사람의 노동력으로 이 힘겨운 일을 모두 해내야 했다. 적은 돈을 받고 땡볕에서 땀을 뻘뻘 흘리며 기계처럼 일할 사람은 거의 없었다. 아메리카에 살던 원

---

1  열대와 아열대 지역에서 선진국이나 글로벌 기업의 자본과 기술에 원주민의 저렴한 노동력을 결합해 상품 작물 한 가지를 대규모 농장에서 경작하는 것을 말한다. 15세기 말 대항해 시대 이후에 유럽의 강대국들이 식민지를 건설하면서 대규모로 상품성 있는 작물을 생산했다. 지금도 커피나 카카오, 천연고무나 면화, 바나나, 담배 능늘 이러한 방법으로 생산한다.

설탕, 달콤한 맛 너머의 진실

주민수도 충분치 않았다. 유럽인들이 옮겨온 홍역이나 천연두 등의 감염병으로 수많은 사람이 사망했기 때문이다. 유럽인들이 오랜 기간 적응해왔던 질병에, 아메리카 원주민은 면역력이 없었다. 콜럼버스 일행이 도착했던 아이티와 도미니카공화국이 있던 섬은 원래 인구가 50만 명이 넘었는데 이런 질병으로 인해 불과 30년 만에 1만 5000명으로 줄었다.

노동력이 턱없이 부족했던 유럽인들은 새로운 지역으로 눈을 돌렸다. 아프리카대륙이었다. 남아메리카의 대규모 농장에서 일할 노예들을 아프리카에서 데려오는 방법이 있었다. 유럽인에게는 손쉬운 해결책이었다. 그러나 아프리카인 입장에서는 미지의 땅에 끌려가 힘겨운 강제 노동을 해야 하는 상황이었다. 아프리카의 흑인들을 짐짝처럼 옮기는 과정 자체가 야만적인 폭력이었다. 하지만 이 씁쓸하고 잔혹한 행위는 계속 이어졌다.


## 바다 위의 지옥, 노예선

폭풍우가 몰아치는 바다, 배 한 척이 위태롭게 흔들린다. 그런데 풍랑에 휩싸인 것은 범선뿐만이 아니다. 다음으로 눈에 띄는 것은 화면 앞쪽에 둥둥 떠다니는 작은 형체들이다. 자세히 살펴보면 검은 피부를 한 사람의 팔다리임을 알 수 있다. 옆에는 검은색의 족쇄 같은 것이 눈에 띈다. 제목 그대로 노예선에서 벌어진 일을 바탕으로 그린 그림이다. 조지프 말러드 윌리엄 터너Joseph Mallord William Turner, 1775~1851가 이

그림 57.
..............
조지프 말러드 윌리엄 터너, 「노예선」, 1840년.

그림 58.
..............
「노예선」(세부),
배에서 바다로 던져진 흑인 노예의 모습.

작품을 그리기 50여 년 전 벌어진 종zong호 사건이 역사적 배경이다. 종호는 1781년 아프리카 서해안을 출발해 자메이카로 가던 배로 여기에는 400여 명의 흑인 노예가 실려 있었다.

당시 노예 무역선의 현실은 비참했다. 노예들을 잡아 오는 과정부터 그랬다. 노예 사냥꾼들이 잡아 온 노예는 남자든 여자든 아이든 사슬에 묶여 상인들에게 넘겨졌다. 노예를 파는 사람과 사는 사람이 가격에 합의할 경우, 노예의 몸에는 불도장이 찍혔다. 이들은 신대륙으로 가는 배에 태워졌다. 노예무역으로 19세기 말까지 아프리카에서 아메리카로 끌려간 노예가 적어도 1100만 명에 이르렀을 것으로 추정된다.

노예무역에 사용된 배는 거대한 범선이 아니었다. 대체로 100톤에서 300톤 급의 작은 배였다. 노예 상인들은 더 많은 이윤을 얻기 위해 꾀를 냈다. 그들 입장에서는 최대한 많은 노예를 실어야 이득이니, 밑바닥 짐칸에 노예 500명을 짐짝처럼 꾸역꾸역 집어넣은 것이다.

흑인 노예들은 몸에 벌레가 기어다니지 못하도록 벌거벗겨진 상태에서 족쇄가 채워져 배에 실렸다. 17세기 초 알론소 데 산도발이라는 사람이 노예 무역선을 자세히 관찰하고 노예들과 인터뷰한 다음 기록을 남겼다. 이에 따르면, 노예들은 배 밑바닥 짐칸에 실렸다.

두 사람씩 발에 족쇄가 채워졌다. 수많은 사람이 내뿜는 이산화탄소로 짐칸의 공기는 탁했다. 촛불을 켜고 짐칸에 들어가면 산소가 부족해 불이 꺼져버릴 정도였다. 짐칸에 노예를 실은 만큼 물과 식량을 실을 공간은 부족했다. 나중에는 식량이 떨어져 노예들에게는 하루 한 끼 식사만 제공될 정도였다. 식사의 질도 형편없었다. 옥수수나 조로 만든

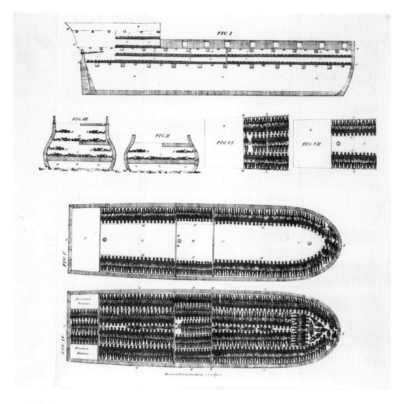

그림 59.
네 개의 노예 갑판이 있는 대서양 횡단 수송선에 노예를 실은 모습(단면도), 1822년.

죽 한 사발과 물 단지 하나 정도만 제공되었다.

　바다 위의 지옥이라 할 만한 광경이었다. 위생은 전혀 고려하지 않았
으니 각종 전염병이 창궐하고 노예들은 영양 부족에 시달렸다. 아프리
카 서해안을 출발해 대서양을 건너 신대륙인 아메리카까지 흑인 노예
들을 강제로 운송하는 과정을 '중간 항로middle passage'라 불렀다. 흑인
들 입장에서 고통스럽기 그지없는 항해는 50일에서 90일이 걸렸는데,
이 중간 항로에서 전체 수송 인원의 10~20퍼센트, 최소 100만 명 이상

의 노예가 숨진 것으로 보인다.

숫자와 기록만큼이나 경악할 사건도 벌어졌다. 이 작품의 배경이 된 종호는 1781년 9월 6일 아프리카 해안을 떠났다. 사탕수수 농장이 있는 영국령 자메이카로 가는 길이었다. 출발한 지 3개월이 채 안 되어 문제가 생겼다. 항해 도중 질병이 돌아 예순 명 이상이 사망했고 많은 노예들이 병에 걸렸다. 선장과 선원들은 간단한 방법을 택했다. 약을 먹이거나 영양을 보충하는 조치가 아니었다. 사망자와 환자 133명을 모두 바다로 내던지고 만 것이다. 이렇게 잔인한 결정을 한 데에는 경제적 이유가 있었다. 상륙한 뒤에 사망하거나 항해 도중에 병으로 죽은 노예에 대해서는 보험금이 지급되지 않았지만 긴급한 상황에서 배를 구하기 위해 바다에 던진 '화물'에 대해서는 보험금이 나왔기 때문이다. 노예를 화물로 간주해 내린 판단이었다. 2년 뒤 선박 소유주는 "어쩔 수 없이 화물(노예)을 바다에 던졌다"며 죽은 노예 한 명당 30파운드라는 값을 매겨 보험회사에 보험금을 청구했다.

소송이 진행되었고 최종적으로 보험금은 지급되지 않았으나, 끔찍한 살인 사건에 대한 처벌은 따르지 않았다. 재판부는 이 사건에 살인죄를 적용하지 않았다. 노예들을 '인간'이 아닌 소유물, 재산으로 취급했기 때문이다. 심지어 1심 재판에서는 배심원들이 사람의 힘으로는 어찌할 수 없는 상황에서 나온 조치로 보았고, 보험사가 사망한 노예 한 명당 30파운드를 보상하라는 판결을 내렸다. 당시 법원에서 판시한 것처럼 노예들은 "말처럼 바다에 던져진" 존재였다. 터너의 「노예선」은 약 60년 뒤, 이 비극적인 사건을 고발하기 위해 그려진 작품이었다.

이렇게 비참한 상황에서 살아남아 신대륙에 도착한 노예도 있었다. 하지만 그들이라고 처지가 나은 것은 또 아니었다. 사탕수수 농장에서는 노동 착취가 일상이었기 때문이다. 노예들은 일하는 기계 취급을 받았다. 사탕수수를 베어내는 일부터 쉽지 않았다. 제분기에 사탕수수를 밀어넣던 노예들은 피로에 지쳐 졸다가 롤러에 손가락이 끼이기도 했다. 이 경우 팔 전체가 롤러에 딸려 들어가기 때문에, 농장측에서는 즉시 팔을 절단할 수 있도록 손도끼를 준비해두었다. 사탕수수 즙을 끓이는 일도 고되기는 매한가지였다. 몇 시간 동안 돌처럼 단단한 땅에 선 채로 일해야 했다. 쉬는 시간에 앉을 의자가 없어 많은 이들이 다리에 병이 났다.

노예들의 처지에 아랑곳하지 않고 설탕 플랜테이션 산업은 크게 번성했다. 당시 서구 여러 나라는 노예무역이 선진국으로 가는 지름길이라고 생각했다. 강대국은 사탕수수 농장에서 일하는 노예의 수를 계속 늘렸다. 특히 아이티 같은 경우 아프리카에서 끌려온 흑인 노예의 수가 1789년에 50만 명에 이를 정도였다.

노예의 수를 늘리는 과정에서 백인들은 새로운 방법을 쓰기도 했다. 노예들이 재배한 사탕수수를 원료로 유럽인들은 럼 rum 이라는 술을 만들었다. 이들은 노예 사냥꾼들에게 총과 함께 럼주를 줬다. 흑인 노예들을 데려오는 대가였다. 노예들이 재배한 사탕수수로 만든 술이 또다른 노예를 사들이는 대가로 쓰이는, 잔인한 무역의 고리가 완성된 것이다.

설탕, 달콤한 맛 너머의 진실

## 노예무역의 고리를 끊은 보이콧 운동

이 끔찍한 노예무역도 서서히 종말을 맞이한다. 종호 사건을 기점으로 많은 사람이 노예무역의 잔혹한 실상을 알게 되었기 때문이다. 돈을 벌기 위해 사람의 생명을 버린 일에 지식인들은 분노했다. 노예무역을 금지해야 한다는 주장이 나왔고 영국 지식인들은 식민지에서 생산된 설탕을 사지 말자는 운동을 벌였다. "노예들의 고통과 죽음으로 만들어진 달콤함은 거부한다"고 외쳤다. 변화의 바람을 알 수 있는 것이 〈그림 60〉과 〈그림 61〉이다.

〈그림 60〉은 영국의 노예제 반대 운동에 참여한 조사이어 웨지우드가 1787년 디자인한 메달이다. 당시의 설탕 불매 운동은 큰 반향을 불러일으켰다. 노예제 폐지론자들은 이 운동을 촉구하는 팸플릿을 출판했는데, 큰 인기를 끌어 25만 부가 넘게 인쇄되었다. 이 팸플릿에는 "우리가

그림 60.
..............
영국 노예제반대협회의
공식 메달에 새겨진
그림.

그림 61.
..........
1820년대 판매용 설탕이 담긴 유리 그릇.
"노예가 만들지 않은 동인도 설탕"이라는 문구가 새겨져 있다.

상품을 구입하면 범죄에 참여하는 것이며, 설탕 1파운드당 인육 2온스를 소비하는 것으로 간주할 수 있다"는 문구가 새겨져 있었다. 공정무역 초콜릿이나 커피를 구매하는 오늘날의 움직임과 닮았다. 설탕 불매 운동은 소비자들이 소비를 통해 정치적 의사 표시를 할 수 있음을 보여주었다.

시민들의 노예무역 폐지 운동은 영국의 정치권에도 영향을 미쳤다. 18세기 후반부터 법을 만들어 노예무역을 폐지하려는 움직임이 일어났다. 처음에는 노예무역으로 경제적 이득을 얻던 상인들과 대농장 소

설탕, 달콤한 맛 너머의 진실

유주의 반대로 법안이 통과되지 않았다.

그러나 오랫동안 노예제 폐지 운동이 이어졌고, 노예제로 얻는 경제적 수익이 점차 떨어지면서 1807년 노예무역을 폐지하는 법이 영국 의회에서 통과되었다. 대영제국 영토에서 모든 노예제를 폐지한다는 법안이 통과된 것은 1833년 7월 26일의 일이다.

이후 미국에서도 흑인 노예제를 폐지하자는 주장이 나왔다. 흑인 노예를 이용한 대농장 경영이 발달한 남부에서는 노예제 유지를 주장하였으나, 상공업이 발달한 동북부에서는 공장에서 일할 노동자가 필요했기에 북부의 자본가들은 노예제 폐지를 주장하며 남부의 지주층과 대립하였다. 이 대립이 이어지다가 일어난 것이 유명한 남북전쟁이다. 전쟁이 북부의 승리로 끝나 결국 미국의 노예제도 폐지되었다.

노예제는 사라졌으나 설탕은 사람들을 단맛의 노예로 만들고 있다. 과거 노예무역의 결과로 만들어진 기호식품, 담배나 설탕, 초콜릿 등은 대부분 중독성이 강한 제품이다. 설탕은 가난한 이들에게 가장 높은 열량을 제공하는 한편 가난한 이들을 중독으로 내몰며 돈 되는 산업을 이끄는 음식이기도 하다. 과거의 노예제가 사라진 대신, 새로운 형태의 착취와 불평등, 중독의 고리가 만들어지고 있는 건 아닌지 생각해볼 때다.

# 11

혁명의 기운을 북돋은 음료

커피와 시민혁명

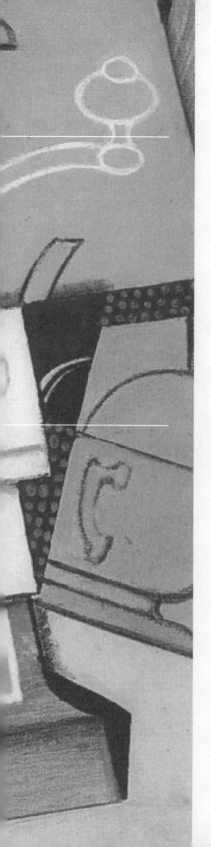

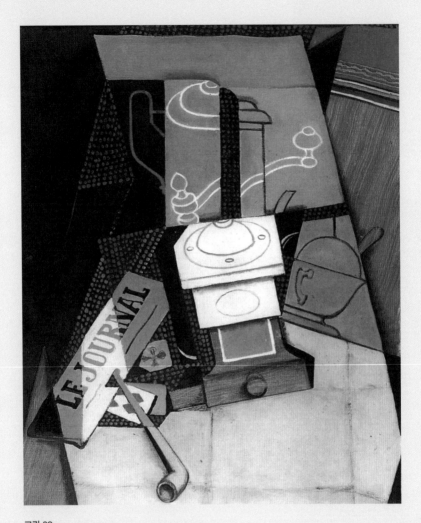

그림 62.

후안 그리스,
「신문과 커피분쇄기가 있는 풍경」,
1915년.

'르 주르날Le journal'이라고 쓰인 신문과 담뱃대, 그리고 커피분쇄기. 평범한 사물이다. 그런데 표현 방식이 독특하다. 마치 퍼즐 조각처럼 사물을 여러 부분으로 분해한 다음, 각 부분을 다양한 각도에서 바라보고 캔버스에 재구성했다. 그래서 사물들은 기하학적 형태로 변형되어 있다. 화가는 회색이나 갈색, 녹색 같은, 화려한 색이 아닌 절제된 색을 사용했다. 삼각형과 사각형 등 사물의 본질적인 형태를 강조하고, 감정 표현은 멀리하려는 태도가 엿보인다. 중첩되는 부분이나 사물의 그림자는 명도나 채도를 달리해서 사물을 구분하기 쉽게 했다.

〈그림62〉는 후안 그리스Juan Gris, 1887~1927의 작품이다. 그는 일상적인 사물에 매력을 느껴 잔이나 병, 담배 파이프, 커피분쇄기 등을 자주 그렸다. 특히 질감이 다양한 신문은 정보나 소통을 의미하기도 해서 즐겨 그림의 소재로 삼았다.

그림에 등장하는 또다른 중요한 사물은 커피분쇄기로, 원두를 갈아주는 도구다. 수동식 커피분쇄기는 마치 옛날 방앗간에서 곡식을 갈던 기계를 연상시킨다. 그리스가 살았던 20세기에 이미 커피는 사람들의 아침을 열어주는, 널리 사랑받는 음료였다. 매력적인 향기와 그윽한 맛 덕분이었다. 지금도 그렇지만 커피에 포함된 카페인도 큰 역할을 했다. 카페인은 중추신경계를 자극해 각성 효과를 일으킨다. 덕분에 집중력과 기억력이 향상된다. 바쁜 현대인들이 아침에 커피를 들고 급히 출근하는 모습을 흔히 보는데 공부나 일을 하기 위해 커피를 즐기는 것은 우리를 '깨어 있게' 하는 효과가 있기 때문이다.

커피와 신문이 함께 놓인 것은 아침식사를 하고 원두를 갈아 커피를 마시고 신문을 보며 소식을 살피는 현대인의 아침을 떠올리게 한다. 사실 커피는 아주 오래 전부터 사람들을 깨어 있게 하고, 공론公論을 일으키고, 새로운 생각을 전하는 음료로 기능해왔다.

## 이슬람의 커피하우스, 공론의 장이 되다

한 여인이 쟁반을 들고 문지방을 넘어서는 중이다. 슬며시 웃는 여성의 표정이 내리쬐는 햇살만큼 화사하다. 뒤에는 너른 정원 풍경이 펼쳐져 있다. 그녀가 조심스레 들고 나르는 쟁반에는 커피와 잔이 있다.

여인의 화려한 복장과 아치형 문으로 보아 배경은 이슬람 세계다. 존 프레더릭 루이스John Frederick Lewis, 1804~76는 북아프리카나 서아시아 여행을 통해 접한 장면들을 작품에 담았다. 런던 화가 집안에서 태어나 일찍이 가업을 이었는데 20대에 동방 여행을 떠나 이집트 카이로에서 10년간 머물렀다. 이후 영국으로 돌아가 중동의 풍경을 담은 그림을 그려 큰 인기를 끌었다. 「커피 나르는 사람」도 동방의 풍경을 담은 작품이다. 그런데 이슬람에도 커피가 유행했던 걸까?

보통 커피는 유럽이나 미국에서 먼저 유행하고 널리 전파되었다고 생각하기 십상이지만 그보다 먼저 이슬람 사회에서 크게 유행한 음료다.

커피의 기원에 얽힌 재미있는 이야기도 전해진다. 7세기경 아프리카 에티오피아의 목동 칼디는 자신이 놓아기르던 염소들이 '빨간 열매'를 먹고 흥분하는 것을 목격했다. 이를 신기하게 여겨 한 알 먹어보았는데, 화들짝 정신이 깨는 느낌이 들었다. 즉시 이를 이슬람 사원의 수도

　　　　　　　　　　　　　　　혁명의 기운을 북돋은 음료

승에게 알렸고 이후 커피는 수도승들 사이에 널리 퍼져나갔다는 이야
기다.

칼디의 이야기가 진실인지는 알 수 없지만, 커피의 각성 효과가 오래
전부터 알려졌다는 것은 분명한 사실이다. 6세기에 에티오피아가 아라
비아반도 남서부의 예멘을 지배하면서 이 지역에 자연스레 커피가 전
해졌을 것으로 추정된다. 9세기쯤에는 아라비아반도의 메카, 제다 등지
로 전파됐다.

처음 커피가 전해졌을 때는 마시는 음료가 아니었다. 으깨서 약처럼 만들어 먹거나 빵에 발라 먹었다. 원두를 볶은 다음, 따뜻한 물에 넣어 음료로 마신 것은 13세기 들어서다. 15세기에는 지금처럼 볶은 원두를 갈아 물에 타 마시기도 했다. 커피는 이후 널리 사랑받아서, 수도자의 졸음방지제, 의사의 치료제가 되더니 음료를 즐길 여유가 많은 이들의 사치품으로 변했다.

이슬람교를 믿는 전 지역에 커피가 퍼진 시기는 15세기다. 아랍어로 커피를 가리키는 '까흐와'는 술을 뜻하는 말이기도 하다. 그런데 이슬람에서는 음주를 금지한다. 그래서 스트레스를 풀 일이 있을 때 커피는 술을 대신하며 담소를 나눌 때 마시는 음료로 여겨졌다.

이슬람 문화권 사람들에게는 커피를 마시며 대화를 나눌 장소도 필요했다. 그래서 이슬람식 커피하우스 '카베 카네스'가 생겼다. 시리아의 다마스쿠스에 등장했던 커피하우스는 곧이어 15세기 아라비아반도의 메카에도 나타났다. 16세기에는 오스만제국의 수도인 이스탄불과 오늘날 이라크의 수도인 바그다드에서도 인기를 끌었다.

이슬람의 커피하우스는 인기 있는 장소였다. 사람들은 커피를 마시고, 대화를 나누고, 체스 같은 보드게임을 즐겼다. 정치를 논의하는 이들도 있었다. 커피하우스가 토론의 장이 된 데는 커피라는 음료의 특성도 한몫을 했다. 정신을 맑게 해주기 때문이다.

그러나 권력을 쥔 이들에게 커피하우스의 자유로운 토론 분위기는 달갑지 않았다. 1511년 메카의 권력자였던 카이르 베그는 자유로운 발언을 부추기고 정치를 비판하는 공간으로 보고 커피하우스의 운영을

혁명의 기운을 북돋은 음료

중지시켰다. 발각되면 주인은 물론 손님까지 태형을 받았다. 비슷한 이유로 1554년 이스탄불에서도 칙령으로 커피하우스 운영이 금지된 적이 있다. 페르시아 사파비 왕조의 샤 아바스는 커피하우스에서 오가는 정치적 발언을 막기 위해 율법학자들을 커피하우스에 계속 머무르게 했다. 정치가 아닌 시·역사·종교 이야기만 할 수 있게 감시하기 위해서였다.

십자군전쟁 이후 이슬람 세계와 마주하면서 유럽에도 커피가 들어갔다. 1615년 베네치아 상인들이 최초로 서유럽에 커피 자루를 들여갔다고 한다. 이미 커피를 널리 마셨던 오스만제국에서는 1536년 예멘을 점령하고 '모카'라는 항구에서 원두를 수출했다. 커피를 모카에서 이집트의 수에즈까지 배로 보낸 다음 낙타에 실어 알렉산드리아로 가져가 베네치아나 프랑스 상인들에게 팔았다. 이리하여 '모카'라는 이름은 커피의 대명사가 되었다.

그러나 가톨릭교회의 힘이 강력한 시대라, 처음에는 이슬람의 음료인 커피는 '이단의 음료'로 여겨졌다. 중세 가톨릭교회에서는 이교도인 무슬림이 마시는 커피를 악마의 음료라 부르기도 했다. 그러나 중동이나 이집트를 여행하며 커피를 맛본 유럽인이 차츰 늘어났다. 의사와 식물학자 역시 커피의 효능을 인식하면서 커피에 대한 인식이 점차 바뀌었다.

커피의 유럽 전파에 대한 흥미로운 이야기도 전해진다. 당시 가톨릭 사제들은 해롭다는 이유로 커피를 금지해달라고 청했다. 당시 교황이었던 클레멘스 8세는 커피를 맛본 뒤 "이렇게 맛좋은 음료를 이교도들만 마시게 할 수 없다"고 말했다. 커피에 세례를 주어 '기독교도 음료'로 승인했다는 이야기가 전해진다. 이 일을 계기로 유럽에서는 일반인들도 자연스럽게 커피를 마실 수 있게 되었다.


## 근대의 명소, 커피하우스

사람들이 공론장에서 토론을 하게 만드는 힘, 커피가 가진 원천적인 능력인 걸까. 유럽에서도 이슬람에서와 비슷한 상황이 벌어졌다. 17세기 중반, 커피하우스가 베네치아에 처음 문을 열었다. 그렇지만 커피하우스가 강력한 힘을 발휘한 장소는 영국이었다. 1652년, 런던에 첫 커피하우스가 생겼고 전국에 200개에 달하는 커피하우스가 문을 열었다. 커피를 마시는 장소는 유럽에서도 새로운 대화의 장이 되었다. 유럽인은 원래 술을 일상 음료처럼 마셨으나 이제 그런 습관도 바뀌었다. 커피는 카페인 중독 외에는 별다른 부작용이 없는데다 정신을 맑게 하고 기운을 북돋아주기 때문이다.

시대 상황도 도움이 되었다. 당시 영국에서는 청교도혁명이라는 대사건이 일어난 직후였다. 전쟁 비용을 충당하느라 과도한 세금을 물린 찰스 1세를 상공업 시민층인 부르주아가 중심이 되어 몰아낸 사건이다. 왕을 몰아낸 후, 의회파를 이끌던 올리버 크롬웰이 영국을 다스렸다. 그런데 크롬웰은 신실한 청교도였으며 원칙주의자였다. 종교의 가르침을 철저히 따라야 한다면서 경마, 도박, 공연을 금지했다. 술집도 금지 대상이었다.

술집이 문을 닫자 밤에 갈 곳이 없어진 시민들은 커피하우스에 모여들었다. 귀족들이 궁정과 살롱에 모여 대화를 나누고 친분을 쌓듯이, 시민에게도 정치 의견을 교환하거나 수다를 떨 '교류의 장'이 필요했는데 커피하우스가 바로 그런 공간이었다. 17세기 말에 이르면 인구가 60만이던 런던에만 2000~3000개의 커피하우스가 자리잡았다. 사람들은 이곳에서 토론을 벌이며 청교도혁명의 열기를 이어갔다.

〈그림 65〉는 17세기 당시 런던의 커피하우스가 어떤 역할을 했는지

보여준다. 사람들이 커피를 마시는 행위보다 열띤 대화를 나누고 있는
모습이 눈에 띈다. 당시 커피하우스는 '1페니 대학Penny University'으로
불렸다. 1페니짜리 커피 한 잔을 마시며 커피하우스에서 대화를 나누
면 대학에서 공부할 때보다 더 많은 것을 배울 수 있다는 얘기였다. 지
식인들이 계급을 덜 따지게 되면서 귀족이나 서민도 정치나 세상 돌아
가는 이야기를 마음껏 나눌 수 있었고 이런 장소가 커피하우스였음을
짐작할 수 있다. 시민들은 초면에 "당신의 단골 커피하우스는 어디인가
요?"라는 질문을 던지곤 했다.

이슬람 세계와 마찬가지로 위정자들은 커피하우스의 이러한 기능에

혁명의 기운을 북돋은 음료

불안을 느꼈다. 커피하우스에서 일어나는 정치 토론을 못마땅해하던 영국 왕 찰스 2세가 "나태하게 불평불만을 일삼는 이들이 국왕과 정부를 비방하는 것을 막아야 한다"는 이유로 한때 커피 금지령을 내리기도 했다.

## 카페에서 빛난 이성의 힘

프랑스에서도 영국과 비슷한 일이 벌어졌다. 17세기 후반, 지식인이 커피하우스에 모여들었다. 특히 유명한 장소가 있었다. 1686년 파리에 문을 연 '르 프로코프LE PROCOPE'라는 커피하우스였다. 루소, 몽테스키외, 볼테르, 나폴레옹, 쇼팽, 당통 등 당대의 지식인, 작가, 혁명가 들이 단골로 드나들었다.

철학 교과서에 나올 법한 위인들은 커피하우스에서 어떤 수다를 떨었을까? 이들의 공통 사상을 되짚어보면 질문의 답을 짐작할 수 있다. 당시 이곳에 모여든 사람들 대다수가 계몽사상이라는 새로운 흐름을 이끌었다. 계몽사상의 계몽啓蒙은 '빛'을 뜻하는 프랑스어 뤼미에르 lumière를 우리말로 옮긴 것이다. 여기에서 말하는 '빛'이란 인간이 가진 이성의 힘을 말한다.

과학혁명이 이런 계몽주의 사상에 큰 영향을 미쳤다. 뉴턴이 만유인력의 법칙을 발견하는 등 17세기에는 과학이 눈부시게 발전했다. 18세기에 들어서자 사람들은 어디에나 적용할 수 있는 과학 법칙이 인간 사회에도 있을 거라고 보았다. 생물이 오랜 기간 진화했듯 인간 세계와 사회도 진리를 향해 나아간다고 믿었던 것이다. 이처럼 인류를 진화의 길로 이끄는 빛이 생각하는 힘, 인간 이성의 힘이었다. 미신과 독단, 무지와 몽매 같은 암흑에서 벗어나 이성이 가리키는 길을 따라 앞으로 나아가야 한다고 계몽사상가들은 주장했다.

계몽사상의 핵심 개념 중 하나는 자연권이다. 그들에 따르면 '이성을 가진' 인간은 태어날 때부터 양도할 수 없는 기본권을 가진다. 신이나 전통에 의해 부여된 권위가 아닌, 이성에 밑바탕을 둔 보편 권리다.

이 자연권에 따르면 절대왕정과 신분제는 타파해야 마땅한 것이었다. 절대왕정을 떠받치는 사상은 왕권신수설이었다. 그러나 이성을 중시하는 계몽주의자들이 느끼기에 왕권신수설은 별 근거가 없는 비합리적인 주장이었다. 데카르트는 신이나 초자연적인 원천을 생각하지 말고 오로지 '자연의 빛'만 따르자고 역설했다. 또 몽테스키외는 절대왕정처럼 권력이 한 곳에 쏠리는 것을 막고 시민 자유를 보호하기 위해 입법, 사법, 행정이 서로 분립하여 견제해야 한다고 주장했다.

계몽주의자에게는 신분제도 비판의 대상이었다. 프랑스는 특히 신분제의 모순이 절정에 달한 상태였다. 이를 잘 보여주는 〈그림 66〉을 보자. 낡은 옷을 입고 곡괭이를 든 평민이 눈에 띈다. 힘겨워 보이는 평민의 등에는 화려한 복장에 위풍당당해 보이는 사람 둘이 얹혀 있는 상태다. 프랑스 사회의 불평등을 한눈에 짐작할 수 있다.

이 그림을 통해 당시 전체 인구의 2퍼센트 남짓이었던 제1신분의 성직자와 제2신분의 귀족은 프랑스 전체 농지의 40퍼센트를 차지하고 있었다. 부유한데 세금도 내지 않았다. 반면 제3신분인 농민들은 무거운

혁명의 기운을 북돋은 음료

세금과 교회의 십일조 등을 모두 부담했다. 가난한 이들이 부유한 성직자와 귀족의 부담까지 떠안고 있었던 것이다. 계몽사상가들은 이러한 신분제의 모순을 지적했다.

절대왕정과 신분제에 문제를 제기하는 지식인들을 프랑스 왕실과 정부가 곱게 볼 리 없었다. 사상가들이 모이던 커피하우스도 마찬가지였다. 권력자들은 정치 정보가 돌아다니는 걸 좋아하지 않았다.

정부는 엄격한 규제에 나섰다. 사상의 자유를 요구하고, 정부에 반대 목소리를 내는 사람은 감옥에 갔다. 그럼에도 어느 시대에나 그렇듯이 규제와 단속이 있다면 교묘히 빠져나가려는 움직임이 있다. 파리의 커피하우스 중 폐점 시간을 지키지 않는 곳이 있었다. 사상가들은 몰래 모임을 이어갔다. 그런 은밀한 시간과 장소에서 부당한 권력을 타파할 힘이 커나갔다. 더불어 신분제라는 낡은 질서를 뒤엎을 혁명의 기운이 움트고 있었다.

### 카페 앞에서 생겨난 혁명의 기운, 프랑스 역사를 바꾸다

1789년 7월 12일, 카페 드 포이 앞에서, 젊은 법률가인 카미유 데물랭이 대중 앞에 섰다. 데물랭은 탁자에 올라가 권총을 들고 소리쳤다. "카페에서 나와 혁명의 대열에 합류합시다! 시민들이여 무장합시다." 젊은이의 커다란 외침은 사람들의 마음을 움직였다. 사람들은 왕에게 대항하는 정치범들이 수용되어 있던 바스티유 감옥으로 향했고 이틀 후 결국 점령했다. 프랑스의 운명을 바꾼 혁명의 발단이 된 사건으로 1789년 7월 14일의 일이다.

이전부터 세금 문제로 혁명의 조짐은 보이고 있었다. 오랜 전쟁과 왕실의 사치로 프랑스 정부의 금고는 이미 바닥나 있었다. 루이 16세는 구멍난 재정을 메우기 위해 신분제 의회, 삼부회[1]를 소집했다. 세금 문제를 다룰 작정이었다. 제3신분인 평민들은 자신들의 의견을 내세울 기회가 왔다며 환영했다. 계몽주의의 영향으로 낡은 질서를 깨뜨리려

---

[1]  프랑스의 구체제에서 열리던 신분제 의회로 왕의 자문 기관 역할을 했고 세금을 부과할 권리를 가지기도 했다. 재정 위기에 처한 루이 16세가 삼부회를 소집하였는데, 원래는 신분별로 의견을 모아 결정을 내렸다. 이 경우 귀족과 성직자가 합세해 특권 계급에 유리했기 때문에 제3신분 대표들은 다수결을 주장했다. 이런 의견 대립이 프랑스혁명의 결정적인 계기가 되었다.

그림 67.
장피에르 루이 로랑 우엘, 「시민들에게 공격받는 바스티유 감옥」, 1789년.

는 열망이 가득한 시기였다. 결과는 실망스러웠다. 제1신분인 성직자 대표, 제2신분인 귀족 대표가 동의한 왕의 세금 정책에 손만 들어주도록 소집되었기 때문이다. 이미 상공시민층으로 경제력을 갖추었을 뿐만 아니라 사상적으로도 각성한 부르주아는 이런 역할에 만족하지 않았다. 부르주아를 중심으로 평민 대표들은 국민의회를 구성해 왕과 귀족에게 대항할 계획을 세웠다. 왕이 이들의 움직임을 감지하고 진압할 계획을 이미 세웠다는 흉흉한 소문도 돌았다. 하지만 시민들은 이에 굴하지 않고 밤새 무기고를 습격해 무장을 한 채 정치범들이 수용돼 있던

그림 68.

프랑스혁명 후 발표된 인간과 시민의 권리 선언(인권선언문).

바스티유를 습격했다.

파리에서 시민들이 봉기했다는 소식은 전국으로 퍼져나갔다. 사람들은 영주의 성을 습격했고 국민의회는 이에 힘입어 봉건적 특권을 폐지한다고 선언했다. 이로써 귀족, 영주가 누렸던 혜택이 사라졌다. 처음에는 반대하던 왕과 귀족도 역사의 도도한 흐름에 물러설 수밖에 없었다. 국민의회는 인권선언문을 발표했다. 모든 인간이 신분과 상관없이 기본권을 누린다는 생각이 담긴 역사적인 문서였다.

### 평등의 실현

이제 모든 시민이 평등해졌을까? 그렇지는 않았다. 이때 혁명을 주도한 세력은 시민계급 가운데서도 주로 교양 있고 부유한 시민, 절대왕정 체제에서 경제력을 쌓아온 부르주아였다. 혁명을 이끌어온 부르주아는 특히 자신들의 재산권과 경제활동의 자유를 지키는 데 관심이 많았다.

이렇게 보면 시민혁명[2]은 산업혁명[3]과 더불어 경제력을 쌓아가던 부르주아에게 정치적 힘까지 쥐여준 사건이었다. 더불어 절대왕정과 신

---

2  절대왕정 시기에 크게 성장한 부르주아 계급이 신분제를 극복하고 국가권력을 얻어 사회의 주도권을 잡으려고 일으킨 사건을 말한다. 영국의 명예혁명, 미국의 독립혁명, 프랑스혁명이 모두 시민혁명에 속하는 사건이다.

3  18세기 후반 영국에서 시작된 기술혁신과 사회 변화를 일컫는 말. 증기기관의 발명이 산업혁명을 직접 이끌었으며, 방적기, 제철기 같은 새로운 기계가 발명되었고, 공장 제도가 도입되었다. 더불어 도시화가 이루어지고 사회계층이 부르주아(산업자본가)와 노동자로 나뉘었다.

분제도 무너지면서 평민 신분이던 부르주아는 사회를 이끄는 주도 세력이 된다. 프랑스 인권선언문에 신성한 소유권, 즉 재산권에 대한 조항이 들어 있는 이유도 이 때문이다.

부르주아들은 혁명에 함께 참여했지만 모두가 동등하지는 않다고 생각했다. 선거권을 행사할 수 있는 자격은, 일정한 금액 이상의 세금을 내고 재산을 가진 사람만 가진다고 생각했기 때문이다. 가난한 농민들, 노동자계급은 선거에 참여할 권리를 얻지 못했다.

영국이나 미국 등 시민혁명이 일어난 모든 국가에서 비슷한 현상이 나타났다. 이후 소외된 노동자들이 불만을 가지게 되었고, 점차 힘을 합쳐 투쟁에 나선다. 프랑스에서는 수십 년 뒤 산업자본가에게 노동자계급이 반발하여 선거권 확대를 요구하면서 혁명을 일으킨다. 영국에서도 노동자 선거권을 요구하는 차티스트 운동[4]이 일어났다. 덕분에 도시와 농촌, 광산 노동자에게까지 선거권이 확대되어 보통선거[5]가 가능해졌는데 사실 이는 19세기에야 이루어진 일이다. 시민혁명이 일어나서 자유롭고 평등한 인간의 권리가 실현되는 듯했으나 아직은 먼 일이었던 셈이다.

이처럼 시민혁명으로 단번에 평등하고 자유로운 세상이 찾아온 건 아니었다. 혁명 이후로도 차별을 없애기 위한 수많은 투쟁이 일어났다.

4   1838~48년에 영국 노동자들이 보통선거권을 얻기 위해 펼친 참정권 확대 운동. 노동자들이 자신의 요구를 여섯 개 조항의 '헌장(chart, 즉 차트)'으로 정리했기 때문에 이렇게 불린다.

5   일정한 연령 이상의 국민이면 누구에게나 선거권을 부여하는 원칙. 성별이나 재산, 학력, 직업, 종교 등을 이유로 선거권을 부당하게 제한하지 않는다.

그러나 공적인 문제에 대해 의견을 교환하는 가운데 사람들은 낡은 질서를 허물 방법을 찾아냈으며, 자유와 평등의 첫걸음을 떼었다는 사실만은 분명하다.

20세기 철학자 위르겐 하버마스는 17세기 말과 18세기 초에 만들어진 커피하우스를 '공론의 장' 중 하나로 언급했다. 자유롭고 개방적인 분위기에서 다양한 계층이 비교적 동등한 위치에서 대화를 나누면서 문제를 제기하고 대안을 논의했기 때문이다. 오늘날 인터넷 게시판이나 SNS를 통해 정치적 의견을 표현하는 것처럼, 수백 년 전 유럽인들은 커피하우스에 모여 생각을 나누었다. 인간의 정신을 각성시키고 대화를 이끌어내는 커피의 힘이, 새 역사의 한 장을 열었던 것이다.

# 12

# 악마의 식물에서 서민 음식의 대명사로

감자와 아일랜드 기근

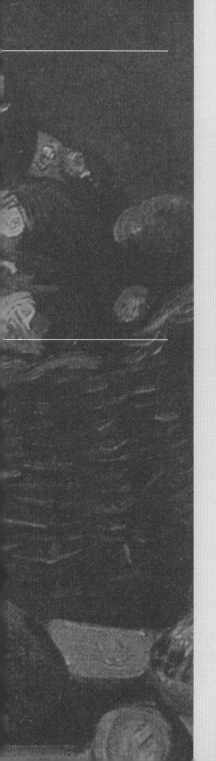

그림 69.

빈센트 반 고흐,
「감자 바구니」,
1885년.

짙은 흙냄새를 풍기는 그림이다. 감자 한 바구니와 바닥을 굴러다니는 감자가 보인다. 굵고 거친 붓질로 표현된 감자의 질감, 감자를 캐내고 식량으로 삼았을 농민의 삶을 떠올리게 한다. 마치 감자에 생명력과 에너지가 존재하는 듯하다.

사실 감자가 등장하는 반 고흐의 작품 가운데 이 정물화보다 더 많이 알려진 그림이 있다. 초기작 「감자 먹는 사람들」(그림 70)이다. 노동의 피로에 절었지만 감자를 나눠 먹으며 이 소박한 식사에 감사하는 농촌 가정의 풍경을 담은 작품이다. 반 고흐는 풍요로운 삶을 누리는 부르주아나 비평가의 눈을 만족시키는 예술을 지향하지 않았다. 평범하고 소박한 이들에게 위로와 기쁨을 주는 그림을 그리길 원했다. 서민 음식의 대명사, 식량이 부족할 때 손쉽고 간편하게 먹을 수 있는 감자는 화가에게 좋은 소재였을 것이다.

감자가 서민 음식으로 유독 사랑받는 이유가 있다. 척박한 환경에서도 잘 자라는 특성 때문이다. 추운 지역이나 4000미터가 넘는 고산지대에서도 재배할 수 있다. 씨앗을 심지 않고 씨감자라고 불리는 덩이줄기를 심으면 땅속에서 양분을 줄기에 축적하며 자라는데다 3개월 정도만 키워도 수확할 수 있으며 병충해에도 강한 편이다. 여러 재배 작물 중에서도 환경 적응력이 가장 뛰어나다. 1년 내내 눈에 덮인 그린란드에서도 감자를 재배할 정도였으니 말이다. 미국항공우주국에서는 감자를 우주인의 식량 자원으로 사용하기 위해 1995년 콜럼비아호에 실어 보내서 무중력 우주 공간에서 재배 실험을 한 적도 있다.

이처럼 강인하기 때문에 전쟁이나 기근 때는 구황작물로 이용되기

그림 70.
빈센트 반 고흐, 「감자 먹는 사람들」, 1885년.

도 했다. 구황작물이란 흉년 등으로 먹을거리가 부족할 때 쌀이나 밀 대신 먹는 식량을 말한다. 그러니까 감자는 오랜 기간 인류를 배고픔에서 구해왔던 '서민의 구원자' 같은 음식이었던 셈이다. 그러나 감자가 늘 서민의 구원자였던 건 아니다. 오래전에는 '악마의 식물'로 불리며 외면받기도 했다.

## 악마의 식물이라 불리던 감자

감자는 원래 안데스 산록에서 잉카인이 재배하고 먹던 작물이다. 처음으로 남미 원주민들에 의해 경작된 시기는 약 7000년 전으로 여겨진

악마의 식물에서 서민 음식의 대명사로

다. 잉카제국의 언어에는 감자 품종을 구분해 부르는 이름이 수백 가지나 있었다고 한다. 주요 식량으로 사랑받았다는 증거다.

1532년 금을 찾아 남미에 도착한 스페인 정복자들이 페루에서 처음 이 식물을 마주했다. 유럽인들이 보기에 생김새도 투박한 감자는 주목할 만한 식물이 아니었다. 그렇지만 잉카인이 감자를 주식으로 삼은 것을 보고 관심을 가지게 된다. 조금만 먹어도 배가 든든한 식량은 매력적으로 보였다. 스페인 정복자들은 잉카인에게 세금으로 감자를 걷어 금광에서 부리는 노예들에게 나누어 주었다. 결국 이들은 유럽으로 돌아가는 배에서 먹을 식량으로 감자를 가져갔다.

스페인에 도착한 이후에도 감자는 유럽인에게 한동안 외면받았다. 땅속에서 빠른 속도로 뻗어나가는 감자 줄기의 모습과 한 줄기에 감자 알이 여러 개 달려 있는 모습이 괴상해 보였기 때문이다.

종교적인 이유도 숨어 있었다. 성서의 기록에 따르면 하느님은 씨앗을 번성하는 식물을 창조했는데, 감자는 씨앗이 아니라 덩이줄기로 번식하는 식물이다. 이렇게 보니 감자는 '성서에 등장하지 않는 식물' '악마가 농간을 부려 만들어진 식물'에 가까워 보였다. 이 때문에 '악마의 식물'이라는 억울한 별명을 얻었다. 사람들은 감자를 인간의 식량이 아니라 돼지 사료, 노예의 음식 정도로 여겼다.

물론 감자에 대한 선입견을 없애려 노력한 이들이 있었다. 감자가 구황작물 역할을 할 수 있다고 생각했던 인물은 프랑스의 루이 16세였다. 프랑스혁명으로 단두대에서 처형된 루이 16세를 그저 사치를 일삼은 왕으로 보는 사람이 많다. 백성들의 삶에 영 관심 없던 군주여서 결국 프랑스혁명을 초래했다는 것이다. 그렇지만 감자에 얽힌 이야기를 되짚어보면 루이 16세의 색다른 면모를 알 수 있다.

루이 16세에게 감자의 쓸모를 알려준 이는 프랑스 군대의 약사였던 파르망티에라는 인물이었다. 그는 프랑스와 프로이센의 전쟁에 참전해 포로가 되었을 때 감자를 받아 먹으며, 이 작물이 얼마나 배를 든든하게 채워주는 음식인지 깨닫게 되었다. 이후 유럽에 대기근이 시작되어 주식이던 밀이 부족했다. 프랑스 정부는 큰 상금을 걸고 밀을 대신할 구황작물을 찾았고, 파르망티에는 왕에게 감자를 추천했다.

파르망티에의 이야기를 들은 루이 16세는 감자의 쓸모를 국민에게 널리 알리고 싶어했다. 자신의 옷 단춧구멍에 감자꽃을 꽂아 장식하고, 왕비 마리 앙투아네트에게도 감자꽃 장식을 옷에 달게 한다.

왕은 감자를 보급하기 위해 사소한 속임수를 쓰기도 했다. 국영농장에 감자를 심게 하고는 왕실 경비병으로 하여금 감자밭을 지키게 했다. 흥미로운 표지판도 세웠다.

"여기에 심은 감자를 왕족과 귀족의 먹을거리로 삼을 것이다. 이것을 훔쳐 먹는 자는 엄벌에 처할 것이다."

그러자 사람들은 "왕의 군대가 지킬 정도라면 감자가 돼지 먹이로 쓰일 음식은 아닐 것이다"라고 생각하게 되었다. 호기심을 품은 이들은 밤 시간이나 군인들의 경계가 느슨해진 틈을 타 감자를 훔쳐 가기도 했다. 그렇게 감자에 대한 거부감이 서민들 사이에서 서서히 사라졌다.

감자는 점차 배고픔을 달래주는 음식이 되었다. 충분히 산업화된 나라에서도, 당시 발전이 비교적 뒤처진 독일 같은 나라에서도 감자의 쓸

악마의 식물에서 서민 음식의 대명사로

모를 알게 되었다. 영국에서는 산업혁명 이후 인구가 폭발적으로 늘어나면서 식량 문제가 대두했는데 감자는 노동자와 서민들의 굶주림을 막기에 제격인 먹거리였다. 밀을 키우기에는 토양이 척박하고 산업화가 늦었던 나라 독일에서도 농민들은 감자를 찾았다. 감자는 이제 전 유럽에서 사랑받는 식재료가 되었다. 특히 감자와 뗄 수 없는 운명으로 엮이게 된 나라가 있었다. 영국 북동쪽에 위치한 국가, 아일랜드였다.

## 감자는 어떻게 대기근을 일으켰나

한 가족의 모습을 담은 〈그림 71〉을 보자. 다들 막막한 표정으로 건초와 흙, 감자 사이에 앉거나 서 있다. 흰 셔츠를 입은 남성은 망연자실한 얼굴로 앞을 응시하는 중이다. 오른쪽에는 절망에 빠져 웅크린 채로 땅을 응시하는 여성이 보인다. 두 사람의 자녀로 보이는 어린아이 역시 어른들의 슬픔을 직감하는 듯하다. 비탄에 빠진 가족들 마음을 대변하는 듯, 하늘은 어둡고 먹구름이 가득하다. 대체 무슨 일일까. 그들이 응시하고 있는 것은 감자 더미다.

제목에서 이 가족의 사연을 짐작할 수 있다. 그림은 아일랜드의 비극을 고발한다. 1845년과 1852년 사이에, 아일랜드는 인구의 4분의 1 이상을 기아, 질병, 그리고 이민으로 잃었다. 감자마름병 때문이었다.

화가 대니얼 맥도널드Daniel MacDonald, 1821~53는 아일랜드인이다. 이 그림은 1847년 런던에서 전시되었는데 아일랜드 대기근이 절정을 맞은 시기라 단번에 화제를 불러일으켰다. 덕분에 영국의 지배층 사이에

그림 71.
.........
대니얼 맥도널드, 「비축한 식량 속에서 감자마름병을 발견한 아일랜드 농민 가족」, 1743년.

서 '아일랜드 문제'가 중요한 논의 주제로 등장했다.

19세기 아일랜드는 가난하고 힘없는 나라였다. 서유럽에서도 소득 수준이 가장 낮은 나라였으며, 국민들은 영국의 통치를 받았다. 통합된 연합 왕국의 일부가 된 것은 19세기지만 이미 오래전부터 영국의 실질적인 지배를 받고 있었다. 17세기부터 아일랜드를 지배해온 영국은 아예 자치권까지 빼앗았다. 1801년에 영국 정부는 이른바 연방법을 제정하여 아일랜드 의회를 해산해버리고 아일랜드를 영국에 병합했다. 여기에 더해 잉글랜드에서 건너온 영국의 신교도들은 가톨릭을 믿던 아일랜드인들의 토지를 몰수하고 소작농으로 만들었다. 이 때문에 아일랜드 농민 대다수가 소작농 또는 영세 자영농이 되었다.

18세기에 들어서자 상황이 더 나빠졌다. 지주와 농민 사이에 중개인이 끼어들었기 때문이다. 중개인은 지주에게서 땅을 빌린 후 땅을 더 작은 단위로 쪼개 가난한 농민들에게 높은 임대료를 받고 빌려주었다. 지주 입장에서는 편리한 일이었다. 직접 소작인들에게 소작료를 거두거나 토지를 관리할 필요가 없으니 이득이었던 것이다. 영국 본토에 살면서 아일랜드 땅을 소유한 부재지주不在地主가 많았다. 아일랜드 농민들 입장에서는 분개할 일이었다. 자신들이 살고 있는 땅을, 거기에 살지도 않는 영국인에게 빌려 농사를 지으면서 임금을 받거나 소작료를 내야 했기 때문이다. 더구나 중개인들이 임대료를 높이고 중간에서 일부를 가로채는 일까지 있었다. 농민들은 높은 임대료를 감당하지 못하고 땅에서 쫓겨나고는 했다.

그런데 끝없는 착취로 괴로움에 처한 상황에서도 아일랜드 인구는

17세기 말에서 18세기 중엽까지 폭발적으로 늘어났다. 200만 명을 넘던 수준에서 무려 800만 명 이상으로 급격히 증가했다. 굶주림이 만연한 악조건에서 어떻게 인구가 늘어난 것일까? 종교적인 원인이 있었다. 아일랜드인 대다수가 가톨릭을 믿었다. 가톨릭에서는 낙태를 허용하지 않았고 아일랜드인들은 가족계획을 따로 세우지 않아 인구가 계속 늘어났다.

가난한 아일랜드에서 이렇게 늘어난 인구를 지탱한 것은 감자였다. 감자는 영양분이 많고 생산성도 무척 높았기 때문이다. 아일랜드의 습하고 척박한 환경도 감자 생산에 큰 도움이 됐다. 소작농들은 밀이나 보리, 귀리와 같은 작물을 재배해 시장에서 팔아 소작료며 세금을 냈다. 그러나 정작 아일랜드인 자신들은 감자를 주식으로 먹었다. 봄철 텃밭에 감자를 심고 잉글랜드로 가서 날품팔이 노동자로 일하다 가을에 고향으로 돌아와 감자를 수확해 끼니를 잇는 사람도 많았다. 1800년대 이

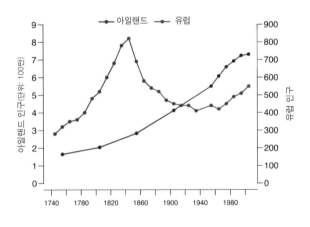

그림 72.
아일랜드와 유럽의 인구 변화 비교.

악마의 식물에서 서민 음식의 대명사로

후 감자는 아일랜드의 주요한 식량이자 농산물이 된다.

1840년대 아일랜드 인구의 40퍼센트가량이 감자에만 의존해 아침, 점심, 저녁 세 끼를 때울 정도가 됐다. 한 사람이 하루에 먹는 감자의 양이 3~6킬로그램, 연평균 소비량이 1톤이 넘을 정도였다. 덕분에 아일랜드에서는 감자를 조리해 먹는 방법도 발전했다. 삶아서 먹거나 구워서 먹었고, 버터밀크와 양파를 섞어 으깨 먹기도 했다. 감자로 수프나 케이크, 빵을 만드는 등 조리법도 다양했다. 사람뿐 아니라 돼지, 소, 닭 들도 감자를 먹고 살았다.

## 감자마름병과 대기근의 시대

이렇게 감자는 아일랜드인의 식생활에 중요한 먹을거리가 되었지만 1845년 재앙이 닥쳤다. 감자마름병이라는 전염병이 생겨난 것이다. 이 병에 걸리면 감자는 검은빛으로 썩어 문드러지고 곰팡이가 피어 먹을 수 없게 되었다. 감자마름병은 습한 환경에서 세균이 번식하면 감자의 잎과 줄기, 뿌리를 통해 확산되었다.

미국 동북부의 필라델피아 일대에서 시작되었을 것으로 추정되는 이 감자마름병은 곧 캐나다와 뉴욕까지 번지며 세력권을 넓혀갔다. 1845년을 전후해 아일랜드에도 전염병이 번졌다. 감자 농사는 곧 큰 피해를 입는다.

1846년에는 감자 농사가 완전히 실패했다. 수확량이 80퍼센트 이상 줄어 당장 먹을 것이 없을 정도였다. 1846년과 1847년 사이에 굶주림

그림 73.

..........

조지 프레더릭 와츠, 「아일랜드 기근」, 1850년.


과 빈곤으로 사람들은 절망적인 상황에 처했다. 여기에 영양 부족으로

콜레라와 발진티푸스 같은 전염병까지 번졌다.

이 기근으로 가장 큰 피해를 본 지역은 겔탁트였다. 먹을 것이라고는

감자밖에 없던 사람들이 속절없이 쓰러졌다. 사람들은 자기 집에서 굶

어죽거나 집에서 내쫓긴 채로 벌판이나 거리에서 죽었다.

앞서 살펴본 맥도널드의 그림 외에도 대기근의 비극을 그린 작품이

많다. 영국 화가 조지 프레더릭 와츠George Frederic Watts, 1817~1904 역시

절망으로 가득한 아일랜드의 상황을 화폭에 담은 바 있다. 아일랜드인

부부가 괴로움과 비탄에 찬 표정으로 앉아 있다. 부인의 팔에는 힘없이

축 늘어져 굶어죽어가는 아이가 안겨 있다. 아이의 굶주림과 죽음을 눈 앞에 두고도 속수무책인 부모의 심경이 감상자에게도 전해져온다.

반면 풍요를 누린 지주들은 이러한 죽음에 무심했다. 소작인들을 구하려고 노력하는 지주도 없잖아 있었지만, 대개는 구호 기관에 책임을 떠넘기고 소작인을 쫓아내기에 바빴다. 역사가들에 의하면 이 시기에 숨진 아일랜드인이 100만 명에 이른다. 전체 인구의 10퍼센트를 웃도는 수치다.

아일랜드를 사실상 지배하던 영국 정부도, 영국에 살던 지주들도 서민들의 죽음에 무심하기는 매한가지였다. 영국 정부는 기근 사태 초기에 아일랜드인들을 구하는 조치를 취하지 않았다. 식량 배급도 느리게 이루어졌다.

더구나 영국에서는 자유방임주의[1]를 주장하는 정당이 정치권력을 쥐고 있었다. '시장의 상황을 정부가 개입하지 않고 놓아두면(방임), 수요와 공급이 경제문제를 저절로 해결한다'는 사상이었다. 그들은 시장이 알아서 곡물 가격과 수급을 조절하며 아일랜드의 경제 상황도 나아지리라 믿었다. 영국인들은 감자 이외의 다른 작물이 아일랜드에서 외국으로 빠져나가는데도 그대로 두었다. 아일랜드인은 이런 상황을 그저 지켜보면서 배를 곯아야 했다. 심각한 상황에서 시장의 '보이지 않

---

[1] 개인의 경제활동과 시장기구에 대해 정부 개입을 최소화해야 한다는 경제사상. 경제학의 아버지라 불리는 애덤 스미스가 처음 제기했으며, 주로 경제적 자유와 아주 작은 정부를 지향한다. 산업혁명 이후 자본주의가 본격적으로 발전했을 때는 자유방임주의를 따라서 각국 정부는 경제에 간섭하지 않았다. 이에 따라 경제가 빠르게 성장하고 효율성이 높아졌지만 독점 기업이 등장하고 환경오염이 심해지는 등의 부작용도 나타났다.

그림 74.
아일랜드 대기근을 나타낸 조형물.

는 손'은 제대로 작동하지 않았다. 식량 가격은 날로 높아져갔다. 가난
한 이들은 식량을 구하지 못하고 굶어죽었다. 무료 급식소가 있었지만
여기서는 희멀건 죽이나 먹을 수 있을 뿐이었다. 이렇게 비참한 상황에
서, 아일랜드인들의 구호 업무를 맡은 찰스 트레블리언이라는 영국인
은 "기근은 게으른 아일랜드인에게 교훈을 주려는 하느님의 뜻"이라는
무자비한 발언까지 일삼았다.

　대기근은 분명 자연재해로 벌어진 일이었다. 그렇지만 한 가지 분명
한 사실을 언급해야 한다. 영국의 무책임한 정책이 상황을 더욱 악화시
켰다는 점이다. 당시 영국은 '해가 지지 않는 대제국'이라 불렸다. 지금
은 상대적으로 쇠락했지만 당시에는 지구상에서 가장 부유한 국가였
다. 하지만 영국 정부는 아일랜드의 굶주림을 모른 체했다. 앞서 이야

　　　　　　　　　　　　악마의 식물에서 서민 음식의 대명사로

기한 대로 자유방임주의 경제정책의 영향도 있었지만 인종 편견도 한 몫을 했다. 신교 국가 영국과 구교 국가 아일랜드의 종교적 갈등이 밑바탕에 깔려 있기도 했다.

아일랜드인은 당시 영국의 행위를 지금도 비판한다. 인구가 두 배 이상 늘어나버린 아일랜드의 인구를 줄이려고 영국이 전략적으로 행동한 거라고 보는 이도 있다. 아일랜드에서는 이 비극을 자연재해를 강조하는 기근famine이라는 말보다 인재인 고르타 모르Gorta Mór, Great Hunger, 굶주림, 기아라고 부른다. 아일랜드의 민족주의자였던 존 미첼은 "감자를 망친 것은 신이었으나, 이를 대기근으로 바꾼 것은 영국이었다"고 증언했다. 이 사건은 아일랜드인의 마음속에 영국 정부와 영국인에 대한 깊은 증오를 키우게 되었다. 훗날 아일랜드인들이 지치지 않고 독립운동을 벌이는 주요한 계기가 되기도 했다.

## 굶주림이 이끈 이민, 미국의 역사를 바꾸다

너덜너덜한 옷을 입은 남자가 어깨에 보따리를 메고 서 있다. 한 손에 꼭 쥔 동전 한 닢, 그의 곤궁한 처지를 보여준다. 오른쪽 풍경을 보아하니 여기는 부둣가인 것 같다. 지금 사내가 유심히 살펴보는 건 벽보다. 벽보에 쓰인 '뉴욕'이라는 글자가 눈에 띈다. 이 도시는 남자에게 어떤 의미가 있을까.

사내가 들여다보는 벽보는 샴록 라인이라는 선박 회사가 만든 것이었다. 이 회사는 아일랜드의 더블린과 뉴욕을 오가는 선박을 운항했다.

그림 75.
.............
어스킨 니콜, 「밖으로」, 1854년.

이렇게 옷차림이 남루한 사내는 왜 하필 배를 타고 머나먼 뉴욕으로 떠나려는 걸까.

어스킨 니콜Erskine Nicol, 1825~1904은 스코틀랜드 태생이지만, 젊은 시절 미술 교사를 하며 아일랜드에서 머무른 적이 있었다. 때는 1845년, 아일랜드 감자 대기근이 시작된 해였다. 니콜은 아일랜드인의 힘겨운 삶과 시골 사람들의 일상을 화폭에 담아냈다. 이 그림 「밖으로」 역시 아일랜드 기근 이후 벌어진 상황을 보여준다.

기근에서 살아남은 이들도 있었지만 아일랜드는 여전히 절망의 땅이었다. 계속 영국의 지배를 받았고 지주들은 임대료를 내지 못한 농민

악마의 식물에서 서민 음식의 대명사로

들을 무자비하게 내쫓았기 때문이다. 굶주린 데다 희망을 잃은 아일랜드 농민들은 새로운 기회의 땅을 찾기 시작했다. 이들의 눈에 띈 땅이 아메리카, 신대륙이었다. 인구가 폭발적으로 늘어났지만 지대가 높았던 아일랜드와 달리 미국은 넓은 토지에 인구마저 적었다. 미국이 '다인종의 나라' '이민자 국가'가 된 데에는 그만한 이유가 있었던 것이다. 나라가 발전하는 데는 수많은 인력이 필요했으니까. 인력이 부족하니 개간되지 않고 버려진 황무지가 여기저기 널려 있었다. 유럽 사람들이 몰려오면 좋았겠지만 대서양을 횡단해서 아메리카에 가기란 참 어려운 일이었다. 뱃삯이 비싼데다 위험했기 때문이다.

그러나 대기근의 비극을 경험한 아일랜드인에게는 대서양 항해의 위험은 아무것도 아니었다. 적어도 굶어죽는 것보다는 나았기 때문이다. 더구나 1820년대를 전후해서 미국행 선박의 승선 요금이 떨어졌다. 거의 3분의 1, 4분의 1까지 떨어진 뱃삯에 아일랜드인들은 너나없이 배를 탔다. 뉴욕으로 가는 배는 굶주림을 떨쳐낼 방주나 다름없었다. 기근에 시달리던 동안 연평균 25만 명에 이르는 사람들이 새로운 터를 찾아 떠났다. 험난하고 열악한 항해 길에서 목숨을 잃는 이들도 많았지만, 이민 행렬은 줄지 않았다. 약 200만 명의 아일랜드인이 기근과 전염병을 피해 미국으로 이주했다.

아일랜드 인구가 얼마나 줄었는지 살펴보면 이 이민의 풍경을 짐작할 수 있다. 1845년, 기근이 시작되던 해 800만 명이던 아일랜드 인구는 1851년 600만 명으로 줄었다. 감자마름병과 기근으로 사망자가 폭증했고 대규모 이민까지 이어지면서 인구가 급감한 것이다. 2020년 기

그림 76.
헨리 에드워드 도일,
「아일랜드를 떠나는 이민자들」,
판화, 1868년.

준 아일랜드 인구는 500만 명이 채 되지 않는다. 현재까지도 1840년대 기근 전의 인구를 만회하지 못했다.

한편 미국은 새로운 노동력을 얻었다. 미국 동부에 정착한 아일랜드인은 처음에는 가난과 인종차별에 시달렸지만 시간이 지나면서 현지에 뿌리를 내리기 시작한다. 이 과정에서 미국 경제도 크게 발전했다. 19세기 후반 미국에서는 그동안 버려졌던 토지가 본격적으로 경작되기 시작했고, 뿐만 아니라 곡물과 면화를 유럽으로 수출하면서 산업화의 발판까지 단단히 다져놓았다. 1820년대 미국의 1인당 국내 총생산은 1257달러에 불과했다. 그러나 불과 40년 후인 1860년에는 2178달러로 늘어났다. 물론 미국이 어마어마한 잠재력과 자원을 지닌 나라임

악마의 식물에서 서민 음식의 대명사로

은 틀림없지만 아일랜드인의 대거 이민에 큰 도움을 받았다는 사실을 부인할 수는 없다. 현재 미국 인구 중 10퍼센트가 넘는 사람들이 아일랜드계일 정도로 이들의 비중이 높다.

감자는 아일랜드인의 소박한 삶과 생존을 상징하는 먹을거리다. 동시에 이 나라의 커다란 비극과 새로운 희망의 역사를 담고 있는 작물이기도 하다. 아일랜드 기근은 감자마름병으로 인한 자연재해라 볼 수 있으나 한편으로는 아일랜드를 지배했던 영국인들의 굳은 믿음, 즉 '시장의 자유'에 대한 믿음이 가난과 굶주림을 해결하지 못했음을 보여준 사건이었다. 그런데 이러한 비극이 아일랜드인의 이민 물결을 일으켜 신대륙에 새로운 발전의 기회를 열어주었다는 사실은 역사의 아이러니를 보여준다.

# 13

# 수입의 자유를 허하라, 빵과 곡물을 둘러싼 다툼

영국의 곡물법 그리고 자유무역과
보호무역의 논쟁

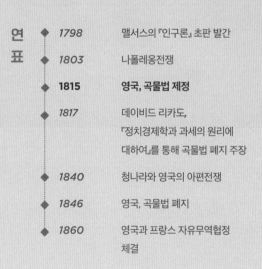

그림 77.
장바티스트시메옹 샤르댕,
「병과 유리잔, 그리고 빵 한 덩이」,
19세기.

어떤 장르든 창시자나 아버지로 여겨지는 인물이 있다. 경제학의 애덤 스미스, 음악의 요한 제바스티안 바흐처럼 미술의 정물화에도 '아버지'라 할 만한 예술가가 있을까. 많은 이들이 장바티스트시메옹 샤르댕 Jean-Baptiste-Simeon Chardin, 1699~1779을 꼽을 것이다. 샤르댕이 살던 시대는 소재와 장르에 따라 그림의 위계가 뚜렷했다. 가장 높은 위치에 있던 것은 역사화였다. 영웅이나 신, 성자의 장엄한 일화를 묘사한 작품을 높게 쳐주었다. 왕과 귀족의 권위 있고 우아한 모습을 화폭에 담은 초상화가 다음 자리를 차지했다. 평범한 이들의 삶을 그리는 장르화, 동물 그림, 풍경화가 뒤를 이었는데 맨 끄트머리에 자리잡은 장르가 정물화였다. 생명이 없는 '죽은 사물'을 다룬 그림이라 여겼기 때문이다. 그런데 이 시대에 살던 샤르댕은 정물화를 그렸다. 자신의 한계를 알고 일찌감치 정물화를 택했을 것이라 해석하는 학자도 있다.

화려함을 떠받들던 시대에 화가가 소박함을 택했다는 점도 주목할 만하다. 샤르댕이 화폭에 펼쳐놓은 것은 17세기 네덜란드의 바니타스화와 달리 진귀한 음식이 즐비한 고급스러운 식탁 풍경이 아니었다. 인생무상이나 덧없음을 상징하고 비유하는 사물을 화면에 배치하지도 않았다. 샤르댕은 그저 서민이나 소시민들의 소박한 부엌살림을 그렸다. 주석으로 된 냄비와 후추통, 달걀, 천장에 걸린 생선 등이다. 정물화가 아닌, 사람들의 일상을 그리는 장르화를 그릴 때도 비슷한 성향을 드러냈다. 소시민 가정의 소박하고 절제된 일상을 그리는 데 주력했다. 로코코 미술에서 중요시하는 장식성은 최대한 자제했다. 이런 성향 때문에 "샤르댕은 재능은 있으나, 사과와 배, 빵 조각, 깨진 접시, 칼과 포크 같은 하찮은 물건을 그린다"는 지적을 받기도 했다.

그러나 화가는 일관되게 자신의 세계를 지켰다. 평범한 일상과 흔히 눈에 띄는 사물이 품고 있는 힘을 표현했다. 그는 균형 잡힌 구도, 고요하고 깊은 색채를 담은 정물화를 그렸다. 덕분에 동시대 화단에 큰 영향을 미쳤고 정물화의 시조로 자리잡았다.

샤르댕이 그린 이 정물화(그림 77)도 마찬가지다. 화면에 자리잡은 와인 병과 유리잔, 나이프와 빵은 특별할 것도, 새로울 것도 없는 물건이다. 그러나 달리 보면 한 가정의 식사를 책임지는, 긴요한 음식과 도구다. 특히 서민들의 주요한 먹을거리인 빵이 눈길을 끈다. 17세기 네덜란드 정물화가 유행하던 시대부터 화가들은 빵을 즐겨 그렸다. 빵의 표면과 부서진 질감을 세밀하게 묘사하면서 그림 실력을 드러낼 수 있었기 때문이다.

샤르댕이 살던 시기에도 그러했으나 오래전부터 빵은 유럽인의 주식이었다. 서양의 자연환경도 큰 역할을 했다. 겨울철에 강수량이 적고 여름철에는 일조량이 풍부하며, 퇴적암이나 충적토로 이루어진 토양이 넓게 분포해 밀 재배에 유리했다. 더구나 밀은 쌀보다 쉽게 가루로 만들 수 있고 점성이 뛰어나며 소금이나 설탕 등의 재료를 잘 흡수하는데다 보관하기도 편했다. 다른 요리에도 활용하기 쉬워 서양인들은 밀을 좋아했다.

서양 역사에는 빵을 둘러싼 이야기도 풍부하다. 혁명 직전 굶주리는 백성들의 소식을 듣고 "빵 대신 케이크를 먹으면 된다"고 이야기한 프랑스 왕비 마리 앙투아네트 이야기가 유명하다. 사실이 아닐 가능성이

수입의 자유를 허하라, 빵과 곡물을 둘러싼 다툼

높지만, 그만큼 프랑스 왕실이 백성들의 삶에 관심이 없었음을 방증하는 일화다.

프랑스의 이웃 나라 영국에도 빵과 곡물을 둘러싼 흥미로운 이야기가 전해진다. 영국 경제의 중대사였던 19세기 곡물법이 그것이다.

## 곡물법의 시대

〈그림 78〉은 20세기 초, 영국에서 만들어진 정치 포스터다. 왼쪽에는 '자유무역주의[1] 가게'라는 간판이 붙어 있는데 밝고 깨끗한 진열대에 물건이 풍성하게 진열되어 있다. 수많은 손님들이 웅성대며 가게로 들어가는 중이다. 반면 오른쪽의 보호무역주의[2] 가게 풍경은 어둡다. 물건에는 거미줄이 쳐져 있으며 가게 주인 역시 낡고 해진 옷을 입고 구멍 난 신발을 신고 있다. 이 사람은 세금징수원의 독촉을 받으며 난감한 얼굴로 쩔쩔 맨다. 자유무역과 보호무역 가게라니, 포스터에는 어떤 사연이 담겨 있는 걸까.

포스터는 영국 자유당[3]의 무역에 대한 입장을 보여준다. 19세기의

---

1  국가 간의 무역에 대한 정부 개입을 최소화해야 한다는 사상이다. 자유무역 지지자들은 관세나 수입량 제한 같은 무역 장벽을 없애고, 시장경제의 원리에 따라 자유로운 경쟁과 무역을 통해 경제성장을 이끌어야 한다고 주장했다.

2  정부가 국제무역에 개입해 수입품에 관세를 부과하고 수입량을 제한하는 등 국내 산업을 보호하는 조치를 취해야 한다는 이념이다. 국내 일자리 보호, 국가 안보 강화, 산업 육성 등을 명분으로 내세우지만 소비자 물가가 높아지고 국제적인 무역 분쟁을 불러일으킬 수 있다는 단점도 있다.

3  역사가 오래된 정당으로 중도 좌파 성향이며 19세기 중반부터 20세기 초반까지 영국의 2대 정당 중 하나였다.

그림 78.
..........
영국 자유당의 정치 포스터,1905~06년.

휘그당이 개편되어 만들어진 자유당은 이미 오래전부터 자유무역 실시
를 부르짖었다. 당시 중요한 논쟁거리였던 곡물법은 폐지해야 한다고
주장했다.

19세기 영국의 정치와 경제를 뒤흔든 곡물법은 1815년부터 시행되
었다. 이름은 곡물법이지만 풀어서 말하자면 '외국 농산물 수입에 대한
법'이라 볼 수 있다.

법이 시행된 배경에는 18세기에 일어난 전쟁과 식량 사정이 있었다.
나폴레옹전쟁[4]으로 곡물값이 올랐다. 덕분에 농업 생산자들은 큰 이
익을 얻었으나 전쟁이 끝나자 농산물 가격은 급격히 떨어졌다. 전쟁 전

수입의 자유를 허하라, 빵과 곡물을 둘러싼 다툼

에는 밀 1쿼터(약 12.7킬로그램)당 고작 46실링 수준이던 밀 가격은 전쟁 중에는 177실링까지 올랐다. 하지만 나폴레옹전쟁이 끝나자 60실링까지 값이 내려갔고 지주들과 농업 생산자들의 불만이 커졌다. 이들은 전쟁 때 누렸던 이익을 보장받길 원했다.

마침 영국 의회에는 지주 출신의 정치인이 많았다. 이들이 합심해서 만들어 통과시킨 것이 곡물법이다. 밀이나 옥수수 같은 곡물에 부과하는 관세를 높여 일정한 가격보다 높은 값에 거래하도록 강제하는 내용의 법안이다. 밀 1쿼터당 가격이 80실링 이하일 경우 아예 외국산 밀을 수입하지 못하게 만든 것이다.

이 법의 영향으로 수입품 가격은 영국에서 생산된 밀 가격보다 높아야만 국경을 넘을 수 있었다. 자국의 곡물 가격을 유지하고 농업을 보호하는, 전형적인 보호무역 정책이었다.

그런데 이 법에 반기를 드는 이들이 있었다. 곡물법이 시행되는 상황이 국민의 삶에도, 영국 경제에도 도움이 되지 않는다고 보았기 때문이다. 당시 영국은 산업혁명으로 인구가 폭발적으로 늘어났다. 수요가 늘어나는데 외국산 밀의 수입까지 막으니 공급이 부족해 곡물값이 더 올랐다. 이런 상황에서 피해를 고스란히 떠안은 건 서민층과 중산층이었다. 비유하자면 해외에서 1000원짜리 빵을 수입할 수 있음에도, 정작 국내 빵집에서는 1500원짜리 빵만 먹을 수 있는 상황인 것이다. 소비자는 비싼 값으로 곡물과 빵을 사야 했고, 산업화로 수가 늘어난 노동

---

4  나폴레옹이 집권한 프랑스와 영국을 중심으로 한 연합국이 1803년부터 1815년까지 유럽 전역에서 벌인 대규모 전쟁. 결국 나폴레옹이 패배했는데, 유럽의 정치 판도에 큰 영향을 미친 전쟁이다.

그림 79.
.............
1839년, 곡물법 반대 입장을 드러낸 만화.
곡물법으로 피해를 입은 서민층의 비참한 모습이 표현되어 있다.

자와 서민들이 불이익을 떠안았다. 이들은 임금의 절반가량을 빵을 구입하는 데 지출해야 하는 처지에 놓였다.

〈그림 79〉는 당시 곡물법의 피해를 본 서민들의 처지를 표현한 만평이다. 화면 왼쪽에는 외국인 두 명이 수입품인 곡물을 가져오고 있다. 그런데 영국 군인과 경찰관이 총대와 곤봉을 들고 앞을 막아선다. 그들 뒤에는 곡물법이라 쓰인 팻말이 세워져 있다. 곡물법으로 수입을 막은 영국 정부의 조치를 표현한 그림이다. 오른쪽에 펼쳐진 풍경이 가장 비참하다. 수입을 막아 비싸진 빵과 곡물을 사 먹을 수가 없어 굶어죽은 사람들의 시신이 보인다. 뒤편에는 절망에 빠진 노동자 가족의 모습이 표현

되어 있다.

곡물법 폐지를 주장하는 이들은 하루빨리 해외에서 자유롭게 곡물을 수입해야 한다고 주장했다. 그렇게 하면 소비자가 이익을 보고 시장을 개방하는 만큼 다양한 물건을 살 수 있다는 사실도 덧붙였다. 이들은 곡물법 폐지가 영국 경제에도 도움이 되리라 믿었다. 국내 생산자들도 더 질 좋고 저렴한 상품을 생산 판매하기 위해 노력하는 가운데 산업 경쟁력도 높아질 거라고 주장했다.

노동자뿐만 아니라 산업자본가들도 곡물법 폐지 입장에 섰다. 밀 가격이 오를 경우, 먹고 살기 어려워진 노동자가 임금 인상을 요구할 것이 뻔했기 때문이다. 당시 면직물 공업이 발달했던 맨체스터에서는 산업자본가들이 곡물법에 반대하는 동맹을 만들어 지주 계층에 맹렬히 저항했다. 곡물법 폐지를 주장했던 휘그당 역시 상공업자, 도시민, 비국교도, 지식인이 중심이 되었던 정당이다.


## 자유무역 대 보호무역

반대로 곡물법을 옹호하는 세력도 막강했다. 〈그림 80〉이 곡물법을 옹호하는 입장에서 그려진 그림이다. 이 그림 역시 자유당의 포스터처럼 두 가지 입장을 비교하고 있다. 왼쪽에는 곡물법을 유지하고 보호무역을 실시한 결과 이득을 본 자본가와 지주, 농민 들이 환하게 웃고 있다. 무분별한 해외 제품 수입을 막아야 부와 행복을 누리고 높은 임금을 받을 수 있다 믿었기 때문이다. 오른편 그림에는 자유무역을 실시했

그림 80.
..........
자유무역에 반대하는 정치 포스터.

을 때 돌아올 결과가 그려져 있다. 어둡고 남루한 옷차림을 한 이 사람
들은 일자리를 잃고 곤궁한 처지에 놓여 있다.

　보호무역론자들은 국내 농업을 보호하고 지주들의 이익을 지켜줘야
영국 경제에 도움이 된다고 주장했다. 가뜩이나 인구가 급속히 늘어나
는데 해외 농산물에 지나치게 의존하면 위험하다고 믿었던 것이다. 수
입 상품이 마구 쏟아져 들어오면 보호받지 못한 국내 산업은 경쟁력을
잃고 노동자들도 일자리를 잃게 되리라 예상한 것이다. 경쟁력 있는 기
업 몇 개만 살아남고 독점이 더 심화할 것이라는 우려도 한몫을 했다.

　곡물법을 옹호했던 정치 집단은 토리당으로 귀족, 지주, 농민 들의
지지를 받았다. 휘그당과 토리당은 곡물법을 둘러싸고 맞서며 의회 정
치를 이끌었다. 현재 휘그당은 자유당으로, 토리당은 보수당으로 바꿔

었으며, 여전히 영국의 주요 정당으로 자리잡고 있다. 곡물법은 19세기 영국 양당정치를 이끈 주요한 쟁점이었던 것이다.


## 세기의 경제학자들, 곡물법을 논하다

지주나 산업자본가, 노동자나 정치가 들만 곡물법 논쟁에 나선 건 아니었다. 경제와 관련된 문제이니만큼 유명한 경제학자들도 목소리를 냈다. 대표적인 인물이 '비교우위론'으로 유명한 데이비드 리카도와 '인구론'으로 유명한 토머스 맬서스였다.

리카도는 곡물법에 반대한 대표적인 학자였다. 가업을 이어받기 위해 열네 살 때부터 주식중개소에서 일하며 스스로 경제 원리를 익혀 투자에 성공했고 마흔일곱 살에 은퇴할 수 있었다. 이후에는 하원의원으로 당선돼 정치 활동을 했다.

리카도는 국가 간의 관세를 비롯한 무역 장벽을 없애고 상품을 자유롭게 거래하면 결국 모두에게 이득이 된다고 보았다. 더불어 어떤 나라든 상대적으로 강점이 있는 분야가 있으니 관련 제품을 집중 생산해 다른 나라와 교환하면 도움이 된다고 생각했다. 가령 스위스에서 밀을 가장 저렴한 가격에 얻으려면 '시계'를 제조하면 된다. 즉 비용을 적게 들여 질 좋은 시계를 만든 다음, 밀을 대량 생산하는 캐나다에 수출하는 게 가장 경제적이다.

리카도는, 곡물법은 경제성장에도 걸림돌이 된다 믿었다. 기업과 공장을 운영하는 산업자본가가 생산 활동을 활발히 해야 새로운 부를 창출하고 축적하지, 땅을 가진 지주가 부를 쌓아봐야 국가경제에는 큰 도움이 되지 않는다. 경제성장에 도움이 안 되는 곡물법을 폐지하고 외국에서 곡물을 싸게 수입해 자본가의 이윤을 증대시켜야 한다고 리카도는 주장했다. 이러한 주장은 자본가계급의 호응을 얻었다. 그렇지만 지주들의 힘도 만만치 않아 곡물법은 쉽게 사라지지 않았다.

반대 입장에 섰던 학자는 맬서스였다. 인구론[5]을 발표해 잘 알려진 경제학자다. 맬서스는 지주 계층이 번영해야 일자리가 늘어나고 영국 경제가 발전한다고 보았다. 더불어 식량 확보와 국가 안보를 위해서는 국내 산업을 보호할 필요가 있다고 밝혔다.


## 곡물법 논쟁의 결말

곡물법을 둘러싼 논쟁은 오랫동안 이어졌다. 결국 1846년에야 비로소 곡물법이 폐지되었다. 영국은 자유무역을 실시하면서 다른 나라도 이를 돕기를 원했다. 그래서 영국의 뒤를 이어 공업화에 들어섰던 프랑스에서도 자유무역주의가 힘을 얻었다. 두 나라는 1860년에 자유무역협정[6]을 체결했다. 지금의 FTA와 비슷한 협정이다. 영국은 프랑스산 술에, 프랑스는 영국에서 만든 제조업 상품에 대한 관세를 크게 낮추었다. 이후에도 영국은 25년간 27개국과 상업 협정을 맺었다.

---

5    맬서스가 발표한 이론으로, 인구는 기하급수적으로, 식량 생산은 산술급수적으로 증가하기 때문에 결국 인류는 식량 부족에 직면한다고 예견했다. 더불어 빈곤, 범죄, 질병 등 사회문제는 과잉 인구로 인해 발생한다고 보았다. 그러나 기술 발전과 사회 변화로 인해 맬서스의 예측은 들어맞지 않았다.

수입의 자유를 허하라, 빵과 곡물을 둘러싼 다툼

자유무역의 결과는 성공적이었다. 영국의 총수입은 다섯 배, 총수출은 네 배 이상 늘어났다. 다른 유럽 국가들도 자유무역 쪽으로 방향을 잡았다. 물론 각자 입장이 달랐기에 취한 조치도 달랐다. 영국과 프랑스만큼 자본주의를 충분히 발전시키지 못한 독일이나 미국은 자국 산업을 보호하는 쪽으로 기울었다.

그렇지만 1870년대, 세계경제의 분위기가 바뀌었다. 농산물 가격이 오르고 경제가 불황에 빠지자 많은 나라들이 보호무역 국가 대열에 합류했다. 20세기에도 여러 나라가 식민지를 늘리면서 자국 산업을 보호하는 데 힘썼다. 영국도 별수없이 보호무역 체제로 돌아가야 했다.

제2차세계대전이 끝나고 자유무역 질서를 확립하기 위해 세계무역기구가 설립되었다. 이후 각국이 관세를 낮추거나 아예 없애는 협정을 맺었는데 20세기에 들어서야 이루어진 일이었다.

우리나라에서도 1998년 한미 자유무역협정 체결을 위한 협상이 본격화되면서 자유무역과 보호무역을 둘러싼 논쟁이 일어났다. 국내 산업을 보호할 것인가, 관세를 낮추고 수입을 자유롭게 허용할 것인가를 두고 치열한 의견 대립이 있었다. 19세기 영국 정치를 뒤흔들던 자유무역과 보호무역의 줄다리기는, 21세기에도 세계 각국의 주요한 쟁점으로 남아 있다.

6   두 나라 또는 그 이상의 나라가 상호 무역에서 관세와 비관세 장벽을 없애거나 줄이기 위해 체결하는 협약. 무역 증대를 통해 경제성장을 이루고 소비자의 이익을 늘리기 위해 상대국과 자국의 제품을 자유롭게 사고팔 수 있다.

# 14

## 제국주의의 달콤하고
## 씁쓸한 맛

초콜릿과 제국주의

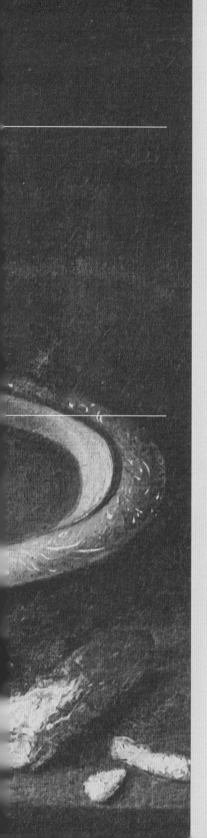

그림 81.
· · · · · · · · · · · ·
후안 데 수르바란,
「초콜릿 그릇이 있는 정물화」,
1739년.

단정하고 고요한 분위기의 정물화다. 화면 가운데에는 은식기가 자리잡고 있다. 그 위에 놓인, 액체가 담긴 작은 냄비가 눈에 띈다. 그릇에 들어 있는 갈색 액체는 뜨끈한 김을 내뿜고 있다. 이 액체의 정체는 뭘까. 그림의 제목으로 짐작할 수 있듯 초콜릿이다.

후안 데 수르바란Francisco de Zurbarán, 1598~1664은 스페인의 황금시대를 대표하는 화가였다. 주로 일상에서 볼 수 있는 식기나 과일, 꽃 같은 사물을 사실적으로 그렸다. 흔히 볼 수 있는 사물을 다뤘음에도, 그의 그림은 신비하고 깊은 멋을 풍긴다. 빛과 그림자의 뚜렷한 대비, 매끈하고 단아하게 떨어지는 사물의 곡선, 잘 짜인 구도 덕분이다. 그림 속 초콜릿도 마찬가지다. 정교한 묘사로 존재감을 드러내고 있다.

당시 초콜릿은 모든 계층이 즐길 수 있는 음식이 아니었다. 귀족이나 부르주아 같은 상류층이 즐기는 음료로 여유로움의 상징이었다. 스페인 귀족들은 스펀지케이크나 쿠키와 함께 핫 초콜릿 한 잔을 손님에게 내놓았다. 겨울에는 푹신한 쿠션과 화려한 태피스트리로 장식한 난롯가에서, 여름에는 시원한 곳에서 얼음을 곁들여 초콜릿을 대접했다.

그런데 여유를 즐기는 데도 애로 사항이 있었다. 18세기 스페인 사람들이 즐기던 초콜릿 음료는 현재 우리가 즐기는 코코아나 핫 초콜릿보다 훨씬 더 걸쭉했다. 한 방울만 흘려도 옷과 실내 장식품에 진한 얼룩이 묻는 대참사가 벌어지곤 했다.

페루 총독이자 후작이었던 페드로 알바레스 데 톨레도라는 인물이 1640년에 이 문제를 해결할 방법을 고안해낸다. 초콜릿 냄비를 고정할 수 있게 작은 클램프가 달린 쟁반을 만든 것이다. 만세리나mancerina

라고 불리는 이 쟁반에 액상 초콜릿을 담은 냄비를 올려놓으면, 초콜릿 액체를 실수로 흘릴 가능성이 줄어들었다. 이 쟁반은 주인의 사회적 지위에 따라 은이나 도자기 등 고급스러운 재료로 만들어졌다. 음료를 먹기 위한 도구가 집주인의 계층을 넌지시 드러내는 수단이었던 셈이다.

수르바란의 시대와 달리 21세기에 초콜릿은 모두에게 대중화된 음식이다. 고급 은식기나 도자기 없이도 슈퍼마켓이나 편의점에서 몇 천 원만 지불하면 초콜릿의 달콤함을 음미할 수 있다. 그러나 초콜릿의 대중화 이면에는 씁쓸한 착취의 역사가 숨어 있다는 사실은 널리 알려져 있지 않다.


## 유럽인을 매혹시킨 달콤한 맛

단란하고 여유로운 풍경을 그린 그림이다. 따사로운 햇살이 내비치는 시간, 두 여성과 아이들이 조그만 탁자 앞에서 식사를 즐기는 중이다. 그들 곁에는 은제 주전자를 들고 시중을 드는 한 남성이 있다.

이 작품을 그린 화가는 프랑수아 부셰François Boucher, 1703~70로, 로코코시대의 대표적인 화가였다. 로코코란 18세기 파리의 귀족들을 중심으로 유행한 예술과 건축 양식을 말한다. 귀족들을 중심으로 한 예술 양식인 만큼 섬세하고 우아하며 장식성이 강하다. 부셰는 이러한 시대의 취향을 파악하여 화려하고 빛나는 옷을 차려입은 프랑스 상류층의 모습을 화폭에 담아냈다.

「아침식사」 역시 이러한 예술가의 세계가 잘 담겨 있는 그림이다. 화

그림 82.

프랑수아 부셰, 「아침식사」, 1739년.

려한 실내 장식에 둘러싸여 아침식사를 즐기고 있는 인물들은 화가 부셰의 아내와 아이, 그리고 유모다. 그림 오른쪽에 앉아 있는 여성은 화가의 아내이고, 왼쪽에 앉아 있는 여성은 유모로 아이 보기를 거들고 있다. 이 공간의 실내 장식과 소품들 역시 여유로운 분위기를 풍긴다. 화려한 곡선 장식이 돋보이는 벽시계와 커다란 거울, 문양이 장식된 은잔, 정교하고 세밀하게 묘사된 어린이 앞의 인형, 세련된 곡선 장식으로 꾸며진 벽시계, 고풍스러운 가구, 주전자, 커피 스푼, 초콜릿 잔 등 모두 부유한 이들이 소유할 수 있는 사물이었다.

'아침식사'라는 제목과 그림 속 벽시계가 가리키는 아침 8시라는 시간을 통해서도 상류층의 느긋한 일상을 짐작할 수 있다. 19세기 중반이 될 때까지 아침식사는 프랑스의 평민들은 누릴 수 없는 사치였다. 아침부터 일터로 나가 노동을 시작해야 했기 때문이다. 반면 귀족이나 부르주아들은 아침 일찍 일어나 식사를 하고 주변을 걷거나 독서를 하는 편안함을 누릴 수 있었다.

부셰의 가족이 즐기는 아침 메뉴도 흥미롭다. 두 종류 음료가 눈에 띈다. 오른편에 앉은 부인은 따뜻한 커피를 즐기는 중이다. 그림 왼쪽에 앉은 유모가 무릎에 앉힌 아이에게 먹이는 것은 핫초코다. 두 음료 모두 당시에는 비싼 값을 주어야 살 수 있는 기호품이었다.

그림이 그려진 시대, 초콜릿이 값비싼 음식이었던 까닭은 무엇일까? 초콜릿의 원료인 카카오를 아무데서나 키울 수는 없었기 때문이다. 카카오의 원산지는 남미와 아프리카다. 노란 럭비공 모양의 카카오나무 열매 속에 있는 카카오 콩이 원료다. 지방 함량이 적은 쪽을 빻아서 만든 가루로 코코아 음료를 만든다.

초콜릿은 원래 남미 사람들이 사랑한 먹을거리였다. 아스테카문명[1]을 일군 아즈텍족은 카카오 가루에 옥수수 가루, 고춧가루를 더한 음료를 만들어 약처럼 마셨다. 왕이나 귀족, 사제가 의례에서 카카오 음료를 사용하기도 했는데 이 음료를 카카우아 아틀cacaua atl이라 불렀다. 1519년 아메리카를 네번째로 항해하던 콜럼버스가 남미의 카카오나무를 발견했다. 스페인의 정복자 코르테스가 카카오에 꿀과 향신료를 넣어 만들어 먹기 시작한 것으로 알려져 있다.

그러나 이 음료를 유럽인들이 모두 환영했던 건 아니다. 카카우아 아틀의 맛이 우리가 알고 있는 달콤한 초콜릿과 달리 씁쓸했기 때문이다. 이탈리아인 탐험가 지롤라모 벤조니는 남미에서 16세기 중반 초콜릿 음료를 처음 맛본 뒤 "인간이 마실 음료라기보다 돼지에게 더 적합한 음료"라며 혹평을 날렸다. 그러나 초콜릿에는 묘한 중독성이 있었다. 테오브로민theobromine이라는 물질 덕분인데, 순도는 약하지만 카페인처럼 사람의 정신을 깨어 있게 하고 흥분시킨다. 씁쓸한 맛에도 불구하고 중독성 덕분에 남미에 있던 스페인 사람들 중 이를 즐겨 마시는 이들이 있었다.

가톨릭 사제가 16세기 후반에 귀국하면서 스페인 궁중에 카카오 열매를 가져갔다. 이후 스페인에 널리 퍼지면서 음료의 가공 기술이 발달했고, 맛도 변하기 시작한다. 유럽에 처음 들어갈 때는 카카우아 아

---

[1] 14세기부터 16세기까지 오늘날의 멕시코 일대를 지배했던 아즈텍족이 일군 문명. 뛰어난 건축, 예술, 종교, 농업 기술 등을 자랑했으나 스페인의 침략과 그들을 따라 들어온 전염병으로 16세기에 몰락했다.

틀처럼 꿀과 고춧가루가 들어갔지만 17세기 이탈리아까지 퍼지는 과정에서 꿀 대신 설탕이, 고춧가루 대신 후추나 계핏가루가 첨가되었다. 입안에서 부드럽게 녹는, 달콤하면서도 쌉쌀한 맛은 스페인 사람들을 매혹했다.

유럽의 지배층 사이에서도 서서히 초콜릿 신봉자가 늘었다. 왕가의 교류나 결혼을 통해 이 음료가 유럽 곳곳의 왕실에 퍼졌기 때문이다. 합스부르크 가문[2] 출신의 스페인 공주 마리아 테레사 데 아우스트리아가 루이 14세와 결혼할 때 요리사를 대동하고 초콜릿 음료를 만드는 도구와 잔을 가져간 일화가 유명하다. 프랑스에서 영국으로도 초콜릿 문화가 퍼져 1657년, 런던에서 최초의 초콜릿 하우스가 문을 열었다. 초콜릿 하우스는 영국의 상류층에게 인기를 끌며 엘리트들의 모임 장소로 사랑받았다.

앞서 살펴본 부셰의 「아침식사」가 그려진 18세기 무렵에는 이미 궁정뿐 아니라 상류층 시민 계급 사이에서도 초콜릿은 인기를 끌었다. 프랑스의 귀족이나 부르주아는 손님을 대접할 때 진한 초콜릿 음료를 같은 양의 따스한 물과 함께 제공했다. 초콜릿 음료에 물을 넣어 마시는 사람도 있었고, 진한 초콜릿 원액을 먼저 들이켠 다음 입안을 물로 헹구듯 마시는 사람도 있었다. 초콜릿은 점차 상류층의 부의 상징으로 자리잡았다.

---

2   13세기부터 20세기 초까지 600년 넘게 신성로마제국 황제, 스페인 왕, 오스트리아 공작 등을 배출하며 유럽 정치를 주도하던 왕가로, 훗날 오스트리아를 중심으로 한 강대한 제국을 건설했다. 혼인을 통해 영토를 확장하는 전략을 자주 활용했으며, 유럽의 역사와 예술에 지대한 영향을 미쳤다.

제국주의의 달콤하고 쌉쌀한 맛

19세기 초부터 초콜릿을 의학적 용도로 복용하거나 우유와 함께 먹는 풍습이 널리 퍼졌고, 초콜릿의 수요는 크게 늘었다. 1828년, 네덜란드 화학자 쿤라트 J. 판 하우턴은 코코아 가루와 코코아 버터를 분리하는 기술을 개발했고, 이 기술을 이용해 1847년 영국의 조지프 프라이가 설탕과 코코아 버터를 더해 고형 초콜릿을 생산하기 시작했다. 1876년 스위스의 다니엘 페터가 쓸쓸한 맛을 덜어낸 밀크 초콜릿을 개발하면서 초콜릿이 하나의 산업으로 자리잡았다.

유럽인들 사이에 초콜릿의 인기가 높아지면서 남미에서 공급하는 카카오만으로는 수요를 다 감당하기 어려웠다. 대규모로 카카오 농장을 조성할 장소가 필요했다. 그러나 새로운 생산지를 찾는 건 쉬운 일이 아니었다. 초콜릿의 원료인 카카오나무의 생육조건이 까다로웠기 때문이다. 카카오나무는 가장 추운 달의 평균기온이 18도 이상인 열대지역에서 재배된다. 해발 300미터가 넘어서도 안 되고 일정한 습도를 유지할 그늘도 충분해야 했다. 기상이나 병충해에도 민감한 특성이 있어 관리에도 신경을 써야 한다.

다행인지 불행인지 이 까다로운 생육조건을 만족하는 지역이 있었다. 유럽 강대국이 식민지로 삼았던 아프리카대륙의 서쪽이었다. 가나, 코트디부아르, 베냉, 토고 등 서아프리카 국가는 기후가 따뜻하고 습해 카카오를 키우기에 제격이었다. 이를 알아차린 영국은 식민지 시대부터 이곳에 카카오 대농장을 조성해 대량생산하기 시작한다. 서아프리카 원주민 입장에서는 비극적인 사건이었다.

## 제국주의는 어떻게 아프리카대륙을 삼켰을까

한 사내가 두 팔을 넓게 벌리고 의기양양한 자세로 서 있다. 양손에 기다란 전선을 들었다. 그가 양 발을 넓게 딛고 서 있는 땅 역시 보는 이의 눈길을 끈다. 아프리카대륙의 형상인데, 남성은 남쪽과 북쪽으로 한 발씩을 내딛고 있다.

그림의 주인공은 세실 로즈. 광산업으로 큰돈을 번 인물이다. 지금도 남아프리카공화국뿐만 아니라 아프리카 각지의 산과 바다에서 다이아몬드를 채굴하고 가공하고 판매하며 세계 보석 시장을 주도하는 드비어스사De Beers Company의 창업주이기도 하다.

원래 그는 목사의 아들로 태어났다. 타고난 체질이 허약한데다 심장마저 약해서 건강을 위해 기후가 좋다는 남아프리카에 건너갔는데 이것이 삶의 커다란 전환점이 되었다. 여기서 다이아몬드에 관심을 품었고 광산 경영을 시작했기 때문이다. 이후 짐바브웨에서 잠비아까지 광산이 있는 땅과 넓은 식민지를 원주민에게 헐값에 빌리거나 사들이고, 빼앗는 일을 거듭하며 운영하는 광산의 수를 늘렸다. 세상 물정을 모르던 원주민들은 로즈에게 광산과 땅을 대책 없이 내주어야 했다. 덕분에 로즈는 이미 20대에 세계 다이아몬드 물량의 90퍼센트를 공급할 정도의 벼락부자가 된다. 그렇게 축적한 자산을 바탕으로 30대에는 정치인으로 변신했다. 이제 대영제국의 식민지를 늘리는 것이 그의 새로운 야망이 되었다.

〈그림 83〉에서 묘사된 로즈는 고대의 7대 불가사의 중 하나라는 '로도스의 거상'을 방불케 한다. 그림에 드러난 것처럼 로즈의 꿈은 원대

그림 83.

에드워드 샘본,
「로즈의 거상(케이프타운에서 카이로까지 전신선과 철도 건설 계획을
발표한 세실 존 로즈)」,『펀치punch』, 1892년.

했다. 아프리카대륙을 남북으로 종단하며 영국 땅으로 만들 심산이었다. 철길과 통신망을 깔기로 마음먹었는데 이 계획 역시 대영제국 건설이라는 목표를 이루기 위한 전략 중 하나였다. 식민지를 늘리려는 야심을 가진 건 로즈뿐만이 아니었다. 19세기의 서양 열강 대부분이 식민지 늘리기에 혈안이 되어 있었다.

식민지 획득의 열망은 어디에서 비롯된 걸까. 자본주의 발전이라는 배경을 빼놓을 수 없다. 유럽 국가의 자본주의는 수백 년간 부르주아의 노력 아래 착실하게 성장해왔다. 자본주의의 총아 기업의 목표는 이윤 극대화다. '생존'과 '번영'을 추구하는 인간의 본능에 들어맞는 목표였다. 기업과 발명가들은 이윤을 늘리기 위해 기술 발전에 매진했고 빠르게 목표를 달성했다. 산업혁명 당시 영국의 모직물 산업을 보면 쉽게 알 수 있다. 방적기는 면화에서 실을 뽑아내는 기계다. 영국에서 하그리브스가 사람의 손으로 움직이는 제니방적기[3]를 발명한 해가 1764년이다. 불과 5년 뒤 아크라이트가 이를 개선해 수력방적기를 발명했고, 10년 뒤에는 다시 제니방적기와 수력방적기의 장점을 합친 뮬방적기가 등장했다. 이후 수력 또는 증기 동력을 이용해 대량생산 방식으로 직물을 생산하는 카트라이트의 역직기가 탄생하는 데에는 5년 정도밖에 걸리지 않았다. 불과 20년 만에 생산기술이 급속히 발전한 것이다. 이리하여 면화에서 실을 뽑아내 옷감을 만드는 생산력은 열 배 이상 증가했다.

3  18세기 산업혁명 당시 영국에서 발명된 기계. 한번에 여러 개의 방추를 돌려 실을 생산하는 방식으로 생산력을 높였다. 덕분에 면직물 생산량이 급격히 늘어났지만, 초기에는 사람의 힘으로 작동되었고 공장의 노동환경이 열악했다.

자본주의 발전이라는 과제를 해결한 유럽 국가들은 새로운 문제에 맞닥뜨렸다. 과잉생산이라는 문제였다.

## 제국주의라는 괴물

화면 속에 거대한 기계가 보인다. 기계 안에는 흑인이 한 명 누워 있고 왼편에서는 백인이 흑인의 입에 럼주를 쏟아붓고 있다. 군복을 입은 또다른 백인 남성이 기계를 돌리면, 이 럼주가 흑인의 몸을 거치면서 금화로 변해 오른편 상자에 쏟아진다. 그 옆에는 성경을 읊고 있는 성직자가 보인다.

이 의미심장한 풍자화는 독일 화가 토마스 하이네의 작품으로 잡지 『짐플리치시무스Simplicissimus』에 실렸다. 그림 속 착취당하는 흑인은 아프리카를 상징한다. 흑인의 입에 럼주를 쏟아붓는 사람은 영국의 상인

그림 84.
토마스 하이네, 「식민지를 지배하는 방식」, 『짐플리치시무스』, 1904년.

이며, 착취하는 기계를 열심히 돌리는 것은 영국의 군인이다. 옆에 있는 성직자는 종교적 정당성을 내세우며 착취를 돕고 있다. 하이네는 무력으로 식민지를 만들고 착취하는 영국의 행태를 고발하고 있다.

강대국의 식민 지배와 착취는 어디에서 비롯된 걸까. 자본주의 발달에서 기원을 찾을 수 있다. 18세기에 증기기관의 개량으로 시작된 산업혁명은 단순히 기술의 발전이나 변화만으로 설명할 수 없다. 인류가 이전까지 해왔던 생산 방식 자체가 변한 것이기 때문이다. 산업혁명 이전에 사람들은 물건을 쓰는 만큼 생산해냈다. 가령 사용하고 싶은 가구가 있다면 필요한 만큼 목수에게 의뢰해 생산하면 되었다.

그러나 산업자본주의[4]가 본격적으로 발달한 이후, 기업과 자본가는 '사람들이 원하는 상품의 수량'만큼 생산할 필요가 없었다. 이제 기술도, 자본도, 노동력도 충분했기 때문이다. 소비자가 주문하지 않아도 자본가는 돈과 기계를 대고 노동자가 일을 해서 제품을 대량생산할 수 있었다. 이렇게 되자 분업이 시작되었다. 기계는 쉴 틈 없이 돌아갔고 노동자들은 바삐 움직였다. 생산기술도 발전했다. 상품을 한두 개씩 주문을 받아 생산하는 것이 아니라, 공장에서 수십 수백 개씩 만들어내는 일이 흔해졌다.

기업 간 경쟁도 치열해졌다. 그럴수록 경쟁에 유리한 소수의 거대 기업이 살아남았는데, 막대한 노동력과 자본을 가진 거대 기업은 더 많은

---

4  산업혁명을 계기로 본격적으로 꽃피운 자본주의의 형태. 상업을 통해 부를 축적한 부르주아가 생산을 주도하여 기계로 상품을 생산하고, 제조업이 발달하게 되었다. 자동화와 분업을 통해 대량생산이 가능해져 자본주의가 본격적으로 발전했다.

제국주의의 달콤하고 씁쓸한 맛

상품을 생산할 역량이 있었다. 그러나 문제가 있었다. 대량생산된 상품을 구매해줄 인구가 충분하지 않았다는 점이다. 국내 노동자들은 겨우 먹고살 만큼의 임금만 받으며 생계를 유지하는 처지였다. 소득이 높지 않으니 대량생산된 옷이나 가구, 식재료를 살 수도 없었다. 과잉된 생산에 비해 소비가 부족한 상황은 곧 불황과 실업으로 이어졌다. 설상가상으로 이웃 나라에 상품을 수출하는 것도 간단한 일이 아니었다. 절대왕정 시대부터 유럽 각국은 중상주의를 앞세워 수입품에 높은 관세를 매겨왔다. 국가 간 무역 장벽이 높은 상태였다.

수출입이 어려운 상황에서 유럽 열강과 거대 기업은 문제를 한 방에 해결해줄 열쇠를 찾았다. 해외 식민지였다. 유럽 각국이 넓힌 아메리카와 아프리카, 아시아의 땅은 지금까지 원료 공급처로만 여겨졌다. 영국의 경우 인도의 면화를 수입해 옷감을 만들고 차를 수입해 찻잔을 만드는 식이었다.

그러나 다시 살펴보니 식민지를 활용할 다른 방법도 있었다. 식민지는 자원을 구할 수 있는 '원료 공급지'인 동시에 상품을 내다팔 수 있는 '거대한 시장'이었으니까. 가령 영국은 인도에서 차와 면화를 싸게 사온 다음, 영국의 공장에서 제품을 만들어 식민지 인도로 가져가 팔면 되었다. 아프리카와 아시아, 남아메리카는 설탕이나 담배, 초콜릿처럼 서구인들이 애용하는 기호품의 원료 생산지가 되었을 뿐만 아니라 강대국이 만든 공산품을 팔아치우는 시장으로 전락했다. 유럽과 미국 등 강대국의 영토 확장으로 세계경제가 하나로 묶이는 동시에 불평등한 연결고리가 이어진 것이다.

이처럼 산업혁명 이후 자본주의의 과잉생산 문제를 해결하기 위해 식민지를 획득하고 수탈하는 것을 제국주의라고 부른다. 주로 1870년부터 제1차세계대전 이전인 1914년까지 나타난 경향을 말한다. 제국주의가 득세하자 국가 간 분쟁이 일어났다.


## 땅따먹기 게임과 아프리카의 비극

제국주의는 강대국 간의 과열된 경쟁을 낳았다. 더 많은 식민지를 차지한 나라가 더 많은 경제적 과실을 차지할 터라 엄청난 땅따먹기 경쟁이 시작된 것이다. 아시아, 아메리카도 마찬가지였지만, 특히 아프리카가 주요한 식민지 쟁탈전의 무대가 되었다.

아프리카대륙을 두고 치열한 경쟁을 벌인 나라가 영국과 프랑스였다. 로즈의 사례에서 보았듯 영국은 탐욕스럽게 아프리카를 정복해나갔다. 1882년 이집트를 점령한 뒤 1870년대에 금과 다이아몬드가 아프리카 남부에서 발견되자 여기에 눈독을 들였다. 결국 남쪽의 케이프타운과 북쪽의 트란스발공화국[5]이 자리잡은 지역을 합쳐 남아프리카연합(오늘날의 남아프리카공화국의 전신)을 만들었다. 1894년부터는 케이프타운과 북동아프리카에 있는 새로운 식민지들을 연결하면서 아프리카대륙을 남쪽에서 북쪽으로 차례대로 점령하는 종단 정책을 펼쳤다. 이

---

5  1852년부터 1902년까지 남아프리카 북부에 존속했던 나라. 이전에 네덜란드에서 아프리카에 건너간 이민자의 후손들은 남아프리카에 살았는데 영국이 이 지역을 차지하자 영국의 식민 지배에 반발하며 북쪽으로 옮겨가 자신들의 나라를 세웠다. 풍부한 금광 자원을 보유하고 있었고, 이를 통해 경제 번영을 이루었지만 일련의 전쟁을 거쳐 결국 영국의 식민지가 되었다.

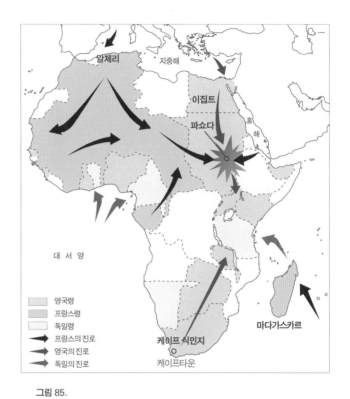

지중해

알제리

이집트

파쇼다

홍해

대서양

영국령
프랑스령
독일령
프랑스의진로
영국의진로
독일의진로

마다가스카르

케이프 식민지

케이프타운

그림 85.
영국의 종단정책과 프랑스의 횡단 정책이 부딪힌 파쇼다 사건.

런 지역의 일부는 이슬람교도가 차지하고 있었지만 기관총을 비롯한 첨단 무기로 무장한 영국군을 당해낼 수는 없었다.

프랑스도 대륙을 동서로 가로지르며 점령을 해나갔다. 1830년 프랑스는 알제리를 점령하고 서쪽으로 차차 이동하고 있었다. 대륙의 동서와 남북을 숨가쁘게 가로지르던 두 나라는 결국 충돌할 수밖에 없었다. 마침내 영국군과 프랑스군은 1898년 이집트령이던 수단의 파쇼다에서 부딪힌다. 결국 프랑스가 영국에 굴복해 철수하고 각자의 이권을 챙기기로 하면서 사건은 일단락되었지만, 파쇼다 사건⁶은 아프리카대륙을 둘러싼 열강의 경쟁이 얼마나 격화되었는지 여실히 보여주는 사건이었다.

영국과 프랑스 외에도 독일과 이탈리아, 포르투갈, 벨기에 등이 아프리카를 둘러싼 땅따먹기에 동참했다. 에티오피아와 라이베리아 두 나라를 제외한 아프리카 전 지역이 열강의 손아귀에 들어갔다. 유럽 열강은 아프리카 원주민의 의사를 전혀 반영하지 않고 자연 경계나 부족의 분포도 무시하고 거대한 대륙을 자신들의 편의대로 나눠 가졌다.

열강의 쟁탈전 대상이 된 아프리카는 어떤 운명을 맞았을까? 제국주의 시대 이후 식민지 원주민들은 유럽인들의 대농장에서 카카오와 면화, 담배 등을 생산하는 노예나 다름없는 처지로 전락했다. 적은 임금을 받고 대농장에서 일했지만 생산한 원료를 모두 빼앗겼다. 서구인들이 좋아하는 상품작물을 재배하는 대농장이 들어서다보니, 정작 원주민의 식량을 생산할 경작지는 사라졌다. 공업 제품도 마찬가지였다. 영국이나 프랑스, 독일, 벨기에 등이 생산한 공업 제품을 비싸게 구매해야 살아갈 수 있는 처지가 됐다. 카카오를 생산했던 서아프리카뿐 아니라 설탕, 차, 면화 등을 생산했던 아프리카와 아시아, 라틴아메리카 국가들 대부분이 비슷한 운명을 맞이했다.

제2차세계대전이 끝난 후 아프리카 국가 대부분이 서구 열강의 식민

---

6　1898년 영국과 프랑스는 동아프리카 식민지 확보에 열을 올리는 중이었다. 영국 탐험대가 파쇼다에 도착하자 프랑스 군대가 나타나 대치했지만, 결국 프랑스가 양보하며 일단락되었다. 제국주의 열강의 식민지 경쟁과 갈등을 보여주는 대표적인 사건이다.

그림 86.
..............
서구 열강이 식민지 쟁탈전을 벌이며 직선으로 그은 아프리카 국경선.

지에서 벗어나 자유를 얻었다. 그러나 완전한 행복은 찾아오지 않았다.
안타깝게도 이들 나라 대다수가 여전히 개발도상국에 머물러 있다. 식
민지 시대에 굳어진 불평등한 경제구조가 남아 있기 때문이다. 정치적
독립을 이루었다고 해서 긴 세월에 걸쳐 조성되었던 카카오 농장이나
커피 농장을 죄다 엎어버릴 수는 없었기 때문이다. 제조업을 발전시키
거나 다른 작물을 생산할 만한 경제력도 인프라도 없었기 때문이다. 유
럽인들이 대규모 농장을 소유하고 현지인들은 저임금 노동자로 일하는

경제구조도 이어졌다. 과거에 제국주의 국가들이 아프리카를 착취했다면, 이제 선진국의 다국적기업이 동일한 행태를 되풀이하고 있다. 이들 글로벌 기업은 원료를 싼값에 사들이고 제대로 된 몫을 지불하지 않는다.

여기에 더해 부족이나 종교를 감안하지 않고 그어버린 국경선 때문에 국가나 민족 사이의 내전도 끊이지 않는다. 제국주의의 망령은 여전히 살아남아, 아프리카의 빈곤과 분쟁을 불러일으키고 있다.

식민지 시대부터 초콜릿 원료를 생산하던 국가에도 제국주의의 그림자가 드리워져 있다. 대표적인 나라가 서아프리카의 코트디부아르다. 코트디부아르는 전 세계 카카오 생산량의 43퍼센트를 차지하는 제1위 카카오 생산국이다. 그러나 초콜릿의 대표 원료 생산지인 이 나라의 카카오 농장주에게 돌아가는 몫은 터무니없이 적다. 1000원짜리 초콜릿을 판매한다면 카카오 농장에 돌아가는 수익은 20원에 불과하다. 나머지 980원은 허쉬나 네슬레처럼 초콜릿을 생산하는 다국적기업이나, 중간 유통업자들의 주머니로 들어간다.

노동 환경이 열악하고 임금이 낮은데 아동노동도 성행하고 있다. 가난한 지역에서 부모들을 설득하거나 인신매매로 어린아이들을 카카오 농장으로 데리고 오는 것이다. 열다섯 살도 안 된 어린이들이 보호 장비도 없이 마체테라는 긴 칼을 이용해 카카오 열매를 하루종일 채취하고 일부는 노예처럼 이웃 나라에서 끌려와 열악한 환경에서 일한다.

비극적 현실은 숫자로도 드러난다. 2013~17년 가나의 카카오 농장에서 1만 4000여 명의 어린이가 강제 노동에 투입된 것이 확인되었다. 선진국에 본사를 둔 거대 초콜릿의 제조업체가 이러한 폭력을 묵인했

제국주의의 달콤하고 씁쓸한 맛

다는 이유로 소송을 당하기도 했다. 초콜릿 산업 뒤편에는 착취의 먹이 사슬 구조가 숨겨져 있는 것이다.

한때 상류층의 풍요와 여유를 상징하던 초콜릿은 이제 많은 이들이 즐길 수 있는 간식으로 자리잡았다. 그러나 달콤한 맛 이면에 쓱쓸한 착취의 역사, 숨겨진 고통이 배어 있다는 사실은 외면하기 어렵다.

# 15

대량생산 시대의 깡통에서
예술이 되다

앤디 워홀의 수프 캔과 포드주의

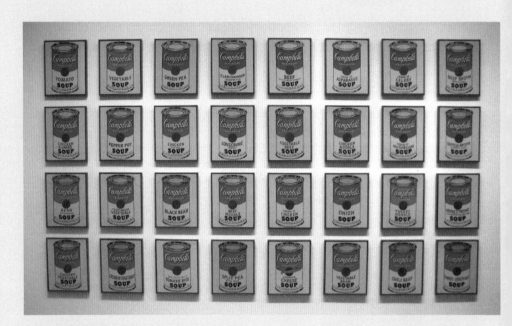

그림 87.
••••••••••••
뉴욕 현대미술관에
전시된 캠벨 수프 캔.

단순하지만 보는 이에게 강렬한 인상을 남기는 작품이다. 원통형 토마토 수프 캔이 담긴 액자가 서른두 개 늘어서 있다. 작품은 빨간색, 노란색, 검은색, 흰색으로 구성되어 있다. 모두 단색이다. 수프의 맛은 조금씩 다르게 표기되어 있지만, 색깔은 모두 똑같다. 감상자의 머릿속에는 다양한 질문이 떠오른다. 현대인의 단조롭고 반복되는 일상을 비유한 걸까? 그저 진열장에 놓인 수프 캔을 묘사한 걸까? 수프 캔 행렬을 과연 예술이라 부를 수 있을까?

앤디 워홀Andy Warhol, 1928~87은 팝아트pop art를 선도한, 20세기 가장 유명한 미술가로 불리는 인물이다. '팝아트'의 pop은 '인기 있는' '대중적인'이라는 의미의 'popular'에서 비롯된 단어다. 이 예술은 특이하게도 일상생활에서 우리가 마주치는 상업적이고 친근한 이미지에서 소재를 얻는다. 캠벨사의 토마토 수프도 마찬가지였다. 당시 수프 캔은 미국에서 대량생산되어 판매되는 인기 상품이었다. 값도 싸서 1년에 100억 개 이상이 팔릴 정도였다.

광고 디자이너 출신의 워홀은 이 캠벨 수프 통조림 서른두 종류를 사실적으로 그린 후 슈퍼마켓 선반에 통조림을 진열해놓듯 줄을 세워놓았다. 이렇게 줄 세워진 그림을 보면 갤러리나 미술관이 하나의 커다란 공장처럼 느껴진다. 재미있는 사실은 워홀의 작업실 이름 역시 '더 팩토리The Factory'였다는 것이다. 말 그대로 '공장'이라는 뜻이다. 대량생산으로 한 가지 상품을 찍어내듯 만들었기 때문이다.

워홀은 작품을 생산할 때도 '대량생산'에 어울리는 방식을 사용했다. 처음에는 통조림을 손으로 그렸지만 나중에는 실크스크린 기법을 활용했다. 실크스크린은 나무틀에 실크로 된 판을 결합한 뒤에 빛을 투과시켜 작품을 제작하는 방식이다. 판화 기법을 응용한 것인데 원래 상업 포스터에 자주 사용하던 방식이었다.

위홀은 왜 슈퍼마켓에서 흔히 볼 수 있는 수프 캔을 소재로 삼은 걸까? 왜 자신의 작업실에 팩토리라는, 예술과는 거리가 멀어 보이는 이름을 붙였을까? 다양하게 해석할 수 있으나 '대중문화'와 '예술'의 경계를 허무는, 권위에 대한 도전 행위로 보는 이들이 많다. 이전까지 사람들은 공장에서 찍어낸 대중문화 상품은 예술이라 부를 수 없다고 생각했다.

그러나 앞서 말했듯 팝아트는 만화, 영화, 사진, 광고 등에서 소재를 얻는다. 팝아트 작가들은 그때까지 예술계와 부르주아가 거부하던 것들을 예술의 영역으로 과감히 끌어들였다. 코카콜라 병, 만화 캐릭터나 이미지, 텔레비전에 등장하는 스타, 햄버거나 아이스크림 같은 친근한 소재를 취한 것이다. 위홀은 이러한 소재들을 복제하듯 화면에 늘어놓았다. 수프 캔 이미지는 공장에서 생산된 획일적인 상품을 상징한다. 캔에 적힌 브랜드 로고는 생산과 구매가 중심이 되는 소비사회의 상징이다. 뿐만 아니라 위홀은 여러 개의 캔을 나란히 배치해 대량 생산과 소비의 반복되는 특성을 드러냈다.

뿐만 아니라 위홀은 유명 브랜드와 공동 작업을 하고 작품을 상품화하면서 예술을 대중에게 보다 널리 알리고 소비하게 만드는 데 앞장섰다. 예술의 대중성을 높이는 새로운 시도에 찬사를 보내는 이도 있었지만 예술의 본질적인 가치를 훼손한다고 비판하는 사람도 많았다. 그러나 워홀은 태연했다. "대통령이나 우리나 똑같은 코카콜라를 마신다." 돈을 더 많이 낸다고 해서 더 좋은 콜라를 마실 수 없다는 사실을 그는 알고 있었다. 워홀은 누구에게나 공평하게 다가가는 대중문화야말로 민주주의에 적합하다고 생각했다.

캠벨 수프 캔은 특히 워홀의 독창성과 날카로운 아이디어를 동시에 보여준다. 이런 상품이 진열대에 가득 쌓이고 마트에 살 것이 넘쳐나는 시대는 언제 시작된 걸까. 1920년대 미국으로 거슬러올라가보자.

## 대량생산 시대

〈그림 88〉을 보자. 일꾼들이 각자의 자리에서 기계를 힘껏 움직이고 있다. 힘차게 움직이는 노동자가 기계와 한 몸이 된 듯 생동감 있는 모습을 보여준다. 화가는 강렬한 색채를 구사하고 대담하게 선을 그어 노동 현장을 구현했다.

이 작품은 멕시코의 국민화가 디에고 리베라Diego Rivera, 1886~1957가 공공미술 프로젝트[1]의 하나로 디트로이트 시립미술관에 그린 벽화의 일부다. 의뢰자는 포드 자동차 회사였다.

그림에 묘사된 광경은 익숙해 보인다. 현대를 사는 우리는 '공장'이라고 하면 리베라의 그림처럼 컨베이어벨트가 돌아가고 노동자가 나사를

---

[1]  1930년대 대공황 당시 미국 정부가 시도했던 예술 프로그램. 대공황으로 인한 실업 문제를 해결하고, 예술가들을 돕기 위해 벽화, 조각, 연극, 음악 등 다양한 예술 분야에서 수천 개의 작품을 제작하도록 지원해주었다. 오늘날에도 미국 전역에서 당시 그려진 작품들을 볼 수 있다.

그림 88.
디에고 리베라, 「디트로이트 산업 벽화」(부분), 1932~33년.

조립하는 모습을 떠올린다. 그러나 이러한 공장 모습은 불과 100여 년 전, 헨리 포드가 창안한 시스템에서 생겨났다. 포드는 미국의 유명 자동차 기업 포드 자동차의 창업자이자, 대량생산의 새로운 길을 열었던 인물이다. 원래 기계공으로 일하다 디트로이트 자동차 회사를 설립했다. 처음에는 경주용 자동차를 만들었지만 경영 미숙으로 곧 회사 문을 닫았다. 그러나 이후 투자자를 만나 또다른 자동차 회사인 포드를 세운다.

1907년, 포드는 시카고에 갔다가 우연히 도축장을 방문했는데 고깃덩어리가 천장에 매달려 있는 광경을 목격한다. 이 고깃덩어리는 컨베이어벨트를 통해 인부들에게 전달되었기에 인부들은 가만히 선 채로 고기를 자를 수 있었다.

포드는 도축장에서 본 시스템을 자동차 공장에 적용하기로 결심했다. 움직이는 조립 라인을 만들면 시간을 줄일 수 있을 거라는 생각이

그림 89.

포드 자동차 공장의 생산 조립 라인.

들었다. 노동자들이 한 곳에 모여 차량 부품을 조립하는 대신 각자 자기 자리에 서 있다가 컨베이어벨트가 부품을 가져다주면 조립하는 방식으로 일하는 게 더 효율적이지 않겠는가.

포드의 아이디어 덕분에 노동자들은 차축 담당, 운전대 담당, 엔진 부품 담당 등 고유의 역할을 맡았다. 그리고 정해진 자리에서 주어진 일만 하면 되었다. 이러한 과정을 거쳐 자동차 부품이 정해진 모양과 품질로 만들어졌다.

이러한 분업과 표준화 과정 덕분에 자동차를 생산하는 시간이 획기적으로 줄었다. 자동차 한 대를 조립하는 데 걸리는 시간이 5시간 50분에서 1시간 33분으로 줄어드는 마법이 일어났다. 작업 시간이 경쟁사보다 10분의 1까지 줄어든 셈이었다.

시간 절약은 비용 절감과 자동차 가격의 하락으로 이어졌다. 포드는 짧은 시간에 더 많은 자동차를 만들어 가격을 낮췄다. 이렇게 만들어진 포드 T형 자동차 한 대 값은 980달러였으나, 이후 1927년에는 270달러까지 내려갔다.

이 변화는 자동차의 대중화를 가져왔다. 자동차는 한때 부유한 사람들이나 타는 사치품이었으나 이제 길거리 어디에서나 볼 수 있는 상품이 되었다. 제1차세계대전 이전에는 유럽 전체를 통틀어 자동차가 40만 대에 불과했지만, 1930년에 들어서면 미국에서만 2650만 대의 자동차가 굴러다니게 된다.

포드의 새로운 생산방식은 자동차뿐 아니라 어떤 분야에도 활용될 수 있었다. 기업의 임원과 공장주들은 포드의 생산라인을 자신들의 공장에 도입했다. 모든 제품이 표준화되고 소품종 대량생산되었다. 만약 이 기준에 적합하지 않으면 불량품이라는 인식이 생겼다. 이처럼 컨베이어벨트, 표준화, 분업 등을 도입해 대량생산이 가능해진 시스템을 '포드주의'라고 한다. 포드주의는 공장 울타리를 넘어 20세기 사람들의 삶의 방식을 바꾸어놓았다.

## 포드 시대, 노동자들의 삶

공장의 풍경이 우스꽝스럽게 묘사된 〈그림 90〉을 보자. 노동자들이 나사를 조이고 풀며 상품을 만들고 있는데, 놀랍게도 이 공장에서 만들어낸 상품은 도구를 든 노동자다. 방금 조립이 끝난 상품, 즉 노동자는 혼자 이리저리 걷고, 선반대에 눕혀진 상품은 조립이 잘못되었는지 해체되고 있다. 이제 막 완성된 노동자 상품은 목각인형처럼 어색하게 움직이거나, 바닥에 엎드려 있다.

'산업 시대An Industry Epoch'라는 제목이 붙은 이 만화는 1920년대 잡지『노동 시대』에 실린 그림으로, 포드의 조립 생산 라인에서 만들어진 노동자의 모습을 풍자하고 있다. 컨베이어벨트 앞에서 표준화된 생산 공정의 일부를 맡게 되어 기계처럼 부품화된 노동자들의 현실이 무엇인지, 그림은 알려준다.

그림 90.
「포드 공장 직원들의 노동을 5일간의 운동으로 바꿈」, 『노동 시대』, 1927년 2월자.

그림 91.
찰리 채플린의 영화「모던 타임스」는 표준화와 대량생산 시대에, '일하는 기계'로 전락한
공장 노동자를 다룬다.

그림은 또다른 질문도 던진다. 이렇게 일하게 된 노동자들의 삶은 어떻게 바뀌었을까? 일하는 과정의 불편이나 번거로움은 줄었을 것이다. 임금도 적지 않았다. 포드는 일당 5달러를 주었는데 다른 자동차 회사 임금의 두 배에 해당하는 액수였다. 생산량이 늘어난 만큼 자동차를 소비할 수 있는 사람도 늘어나야 한다고 생각했기 때문이다. 자기 공장에서 일하는 사람들이 자동차를 살 수 있을 정도의 임금은 주어야 한다는 게 포드의 철학이었다.

이렇게 많은 임금을 지급한 이유는 또 있었다. 공장 노동자들은 컨베이어벨트 앞에서 극도로 단조로운 반복 작업을 계속했고 이 지루한 과정에 질려버렸다. 포드의 시스템이 도입된 이후 회사를 박차고 나가는 노동자가 많아졌다. 인간이 아무 생각 없이 기계처럼 반복 작업을 하면서 의외의 문제가 생겨난 것이다.

대량생산으로 인류는 전보다 더 풍요로운 생활을 누렸지만, 한편으로는 자유의지를 가진 '사람'이 아닌 주변기기 같은 존재가 되었다. 생산의 중심은 컨베이어벨트, 기계였고 인간은 이를 보조하는 역할을 맡았기 때문이다.

20세기 노동자가 맞닥뜨린 상황을 잘 보여주는 영화가 찰리 채플린이 만든 「모던 타임스」(1936)다. 주인공 찰리는 끊임없이 반복되는 단순노동에 시달리는 공장 노동자로, 기계에 결박된 삶을 살아간다. 찰리의 모습은 산업사회에서 맞닥뜨리는 비인간성, 노동자의 소외, 자본가와 노동자의 갈등을 대변한다.


## 풍요의 시대, 그 빛과 그림자

대량생산 체제에서는 누구나 공장에서 만들어진 표준화된 상품을 구매해 즐길 수 있었다. 예전에는 부자나 가난한 사람이 마시는 음료가 달랐지만 이제는 미국의 대통령도 일반 서민도 코카콜라와 맥도날드를 먹고 즐기는 시대가 되었다.

또한 특별한 사람들을 위해 만들어진 고급 상품이 아닌 공장에서 대량생산된 물건이 유행을 이끌었다. 예전의 귀족이나 부르주아들은 맞춤옷을 입으면서 자신들의 감각을 뽐냈지만 이제 공장에서 같은 재료로 만들어진 기성복이 유행을 이끌게 되었다.

풍요의 시대가 열린 나라는 미국이었다. 제1차세계대전이 일어나기 전부터 이미 사람들은 더 많은 소비에 관심을 기울였다. 미국과 유럽의 가정마다 텔레비전과 라디오, 세탁기와 청소기, 자동차를 소유할 수 있게 되었다.

대량생산이 가능해짐에 따라 상품 공급은 이미 수요를 넘어섰다. 과잉생산으로 재고가 쌓이고 기업은 많은 손해를 보았다. 어떻게든 방법을 찾아야 했다. 생활의 필요를 채우기 위한 물건, 가령 배고픔을 해소하는 음식, 발이나 몸을 보호하는 신발과 의류는 많은 사람이 당연히 가지는 물건이 되었다.

회사는 자기네 상표를 알리고 새로운 욕구를 부추겨야 했다. 텔레비전과 라디오, 신문 같은 대중매체에 광고를 내보냈다. 기업이 만든 광고는 이 제품이 얼마나 필요한지 품질은 또 얼마나 좋은지를 알리는 데 중점을 두지 않는다. 자사의 상품이 얼마나 매력적인 사람으로 보이게 해주는지, 얼마나 풍요로운 삶을 누리는 데 도움을 주는지 알리려고 애쓸 뿐이다. 좋은 음식을 먹거나 근사한 차를 타거나 멋진 신발을 신으면 더 윤택하고 행복한 삶이 기다리고 있다는 메시지를 전했다. 대형마트나 백화점에 가면 '행복'을 구입할 수 있기라도 하는 것처럼 말이다.

프랑스의 사회학자 장 보드리야르는『소비의 사회』에서 넘쳐나는 풍요의 사회에서 나타나는 현상을 꼬집어 말했다. 그에 따르면 현대의 소비자에게 중요한 건 상품의 기능이나 효용, 품질이 아니다. 사람들은 상품이 풍기는 위세와 권위, 행복의 이미지를 소비하기 때문이다. 그들은 또 사물을 통해 구원을 얻으리라 믿었으며 이를 통해 소비의 계급 체계를 받아들였다.

이에 따라 소비에 있어 기업의 상표가 중요해졌다. 이전에 수공업자가 만든 제품에 비해 대공장에서 마구 찍어낸 상품들은 모두 일정하고 표준화된 품질을 보장하고 있기 때문이다. 소비자들은 나이키나 맥도날드, 코카콜라처럼 유명 상표가 붙은 제품이라면 품질을 의심하지 않고 구매했다. 위홀 작품의 주인공인 캠벨사 역시 미국인들이 사랑하는 통조림 회사였다.

포드가 열어젖힌 대량생산의 시대는 20세기 이후 인류의 삶을 바꿔놓았다. 위홀의 말대로 대량생산을 통해 풍요로운 세상이 열렸으며, 사람들은 너나없이 소비자로 변신했다.

그러나 또다른 질문을 던져볼 수도 있다. 반복과 획일화, 소비가 중심이 되는 세상에서 인간은 자기 삶의 주체로 살아가고 있을까. 소비자라는 지위와 소비함으로써 얻는 행복이 모두에게 동등하게 주어진 선물일까. 위홀의 「캠벨 수프 캔」은 대량생산의 빛과 그림자를 보여주는 동시에 수많은 질문을 던지고 있다.

# 정물화 속 세계사

세계사의 흐름을 바꾼 사물들

ⓒ 태지원 2025

초판 인쇄   2025년 2월 26일
초판 발행   2025년 3월 13일

지은이     태지원
펴낸이     김소영
책임편집    임윤정
편집       박기효 이희연
디자인     신선아 김이정
마케팅     정민호 박치우 한민아 이민경 박진희 황승현 김경언
브랜딩     함유지 박민재 김희숙 이송이 박다솔 조다현 배진성
제작부     강신은 김동욱 이순호
제작처     영신사

펴낸곳     (주)아트북스
출판등록    2001년 5월 18일 제406-2003-057호
주소       10881 경기도 파주시 회동길 210
대표전화    031-955-8888
문의전화    031-955-7977(편집부) 031-955-2689(마케팅)
팩스       031-955-8855
전자우편    artbooks21@naver.com
트위터     @artbooks21
인스타그램   @artbooks.pub

ISBN     978-89-6196-455-5  43900